라오스어를 사용하는 국민을 위한

기초 한글배우기

① 기초편

ເຫຼັ້ມທີ 1 ບົດຮຽນພື້ນຖານ

권용선 저

ຮຽນຮັນກົລດ້ວຍພາສາລາວ

■ 세종대왕(조선 제4대 왕)

ພະເຈົ້າ ເຊຈົງມະຫາລາດ
(ກະສັດອົງທີ 4 ແຫ່ງລາຊະວົງໂຈຊອນ)

대한민국 대표한글
K-한글
www.k-hangul.kr

■ 세종대왕 탄신 627돌(2024.5.15) 숭모제전
- 분향(焚香) 및 헌작(獻爵), 독축(讀祝), 사배(四拜), 헌화(獻花),
  망료례(望燎禮), 예필(禮畢), 인사말씀(국무총리)

■ 무용 : 봉래의(鳳來儀) | 국립국악원 무용단
- '용비어천가'의 가사를 무용수들이 직접 노래하고 춤을 춤으로써
  비로소 시(詩), 가(歌), 무(舞)가 합일하는 악(樂)을 완성하는 장면

■ 영릉(세종·소헌왕후)
조선 제4대 세종대왕과 소헌왕후 심씨를 모신 합장릉이다.
세종대왕은 한글을 창제하고 혼천의를 비롯한 여러 과학기기를 발명하는 등 재위기간 중 뛰어난 업적을 이룩하였다.

■ 소재지(Location): 대한민국 경기도 여주시 세종대왕면 영릉로 269-10

■ 대표 업적
- 한글 창제: 1443년(세종 25년)~1446년 9월 반포
- 학문 창달
- 과학의 진흥
- 외치와 국방
- 음악의 정리
- 속육전 등의 법전 편찬 및 정리
- 각종 화학 무기 개발

※ ມໍລະດົກໂລກທາງວັດທະນະທຳ ຢູເນສໂກ ※
■ ຢອງລິງ (ເຊຈົງ • ພະມະເຫສີໂຊຮອນ)
ເປັນສຸສານທ້ວງແບບຝັງລວມທີ່ໄດ້ປະດິດສະຖານພະເຈົ້າເຊຈົງມະຫາລາດກະສັດອົງທີ 4 ແຫ່ງລາຊະວົງໂຈຊອນແລະ ພະມະເຫສີໂຊຮອນ ສະຖານຊົມ.
ໃນໄລຍະທີ່ພະອົງຄອງລາຊະສົມບັດ, ພະເຈົ້າເຊຈົງມະຫາລາດ ໄດ້ສ້າງຜົນງານອັນໂດດເດັ່ນຫຼາຍຢ່າງ ເຊັ່ນການປະດິດທັມກຶລ ແລະ ການຄິດຄົ້ນເຄື່ອງມືທາງວິທະຍາສາດຫຼາຍຢ່າງລວມທັງໂຮນຊອນມົຽເຊິ່ງເປັນອຸປະກອນທີ່ໃຊ້ທວດສອບການເຄື່ອນທີ່ຂອງດວງດາວ.

■ ທີ່ຢູ່ : 269-10 ຢອງລິງໂລ, ເຊຈົງແດວັງມົຽອນ, ເມືອງຍ່ຈຸ, ແຂວງຄຽອງກິໂດ, ສ.ເກົາຫຼີ

■ ຜົນງານຫຼັກ
- ປະດິດທັມກຶລ: ໃນປີ ຄສ 1443 (ປີຄອງລາຊະສົມບັດທີ 25 ຂອງເຊຈົງ) ~ ເຜີຍແຜ່ໃນເດືອນກັນຍາ ປີ 1446
- ການພັດທະນາວິຊາການ
- ການສົ່ງເສີມວິທະຍາສາດ
- ການທຼດ ແລະ ປົກປ້ອງປະເທດ
- ການຈັດການດົນຕີ
- ຈັດພິມ ແລະ ຈັດເກັບປະມວນກົດໝາຍ ເຊັ່ນ ຊົກຍຸກຈອນ ເປັນຕົ້ນ
- ການພັດທະນາອາວຸດເຄມີແຕ່ລະຊະນົດ

머 리 말 ບົດນຳ

Let's learn Hangul!

ຮັນກຶລປະກອບດ້ວຍຕົວອັກສອນທີ່ເກີດຈາກການປະສົມກັນຂອງພະຍັນຊະນະ 14 ຕົວ ແລະ ສະຫຼະ 10 ຕົວ ເຊິ່ງເຮັດໃຫ້ເກີດ ມີສຽງຂຶ້ນ ແລະ ຍັງມີພະຍັນຊະນະປະສົມ ກັບ ສະຫຼະປະສົມ. ຈຳນວນຕົວອັກສອນທີ່ສາມາດປະສົມກັນໄດ້ໃນຮັນກຶລມີປະມານ 11,170 ຕົວ ແລະ 30% ໃນນັ້ນຖຶກນຳໃຊ້ເປັນຫຼັກ.
ປຶ້ມຫົວນີ້ ປະກອບດ້ວຍເນື້ອໃນອີງຕາມພາສາເກົາຫຼີທີ່ໃຊ້ໃນຊີວິດປະຈຳວັນ ແລະ ໄດ້ຖຶກພັດທະນາຕາມຫົວຂໍ້ກ້ງຕໍ່ໄປນີ້ ເປັນຫຼັກ

- ປະກອບດ້ວຍເນື້ອໃນການຮຽນຮູ້ພື້ນຖານໂດຍເປັນການຮຽນຮູ້ພະຍັນຊະນະ ແລະ ສະຫຼະຂອງຮັນກຶລ
- ໃຊ້ຮຽນຮູ້ພື້ນຖານໃນການໃຊ້ຮັນກຶລຢ່າງຖຶກຕ້ອງ ໂດຍການແນະນຳລຳດັບການຮຽນຂອງຮັນກຶລ.
- ຈັດຫາເຝິກຮຽນຫຼາຍແຜ່ນໃນ 'ການຂຽນ' ເພື່ອໃຫ້ສາມາດຮຽນຮູ້ຮັນກຶລໄດ້ຢ່າງເປັນທຳມະຊາດຜ່ານການເຝິກຮຽນຊ້ຳ.
- ມີເອກະສານທີ່ສາມາດຮຽນຮູ້ໄປພ້ອມກັບປຶ້ມແບບຮຽນໄດ້ຢູ່ທີ່ເວັບໄຊ. (www.K-hangul.kr).
- ສອນເນື້ອໃນປະກອບດ້ວຍຕົວອັກສອນ ຫຼື ຄຳສັບທີ່ໃຊ້ເລື້ອຍໆໃນຊີວິດປະຈຳວັນຂອງເກົາຫຼີ.
- ຫຼຸດຜ່ອນເນື້ອໃນທີ່ກ່ຽວກັບຮັນກຶລທີ່ບໍ່ຄ່ອຍໄດ້ໃຊ້ ແລະ ລວບລວມສະເພາະເນື້ອໃນທີ່ຈຳເປັນ.

ການຮຽນພາສາຄືການຮຽນຮູ້ວັດທະນະທຳ ແລະ ຖຶວ່າເປັນໂອກາດໃນການເປີດກວ້າງທາງດ້ານແນວຄິດ. ປຶ້ມຫຼັ້ມນີ້ ເປັນປຶ້ມ ແບບຮຽນທີ່ສອນພື້ນຖານຂອງການຮຽນຮູ້ຮັນກຶລ. ຫາກທ່ານຕັ້ງໃຈຮຽນຮູ້ເນື້ອໃນຢ່າງລະອຽດ, ທ່ານຈະສາມາດເຂົ້າໃຈໄດ້ທັງ ຮັນກຶລ, ວັດທະນະທຳ ແລະ ເຈດຕະນະລົມຂອງເກົາຫຼີໄດ້ຢ່າງກວ້າງຂວາງ. ຂໍຂອບໃຈ

k-hangul Publisher: Kwon, Yong-sun

한글은 자음 14자, 모음 10자 그 외에 겹자음과 겹모음의 조합으로 글자가 이루어지며 소리를 갖게 됩니다. 한글 조합자는 약 11,170자로 이루어져 있는데, 그중 30% 정도가 주로 사용되고 있습니다. 이 책은 실생활에서 자주 사용하는 우리말을 토대로 내용을 구성하였고, 다음 사항을 중심으로 개발 되었습니다.

- 한글의 자음과 모음을 기초로 배우는 기본학습내용으로 이루어져 있습니다.
- 한글의 필순을 제시하여 올바른 한글 사용의 기초를 튼튼히 다지도록 했습니다.
- 반복적인 쓰기 학습을 통해 자연스레 한글을 습득할 수 있도록 '쓰기'에 많은 지면을 할애하였습니다.
- 홈페이지(www.k-hangul.kr)에 교재와 병행 학습할 수 있는 자료를 제공하고 있습니다.
- 한국의 일상생활에서 자주 사용되는 글자나 낱말을 중심으로 내용을 구성하였습니다.
- 사용빈도가 높지 않은 한글에 대한 내용은 줄이고 꼭 필요한 내용만 수록하였습니다.

언어를 배우는 것은 문화를 배우는 것이며, 사고의 폭을 넓히는 계기가 됩니다. 이 책은 한글 학습에 기본이 되는 교재이므로 내용을 꼼꼼하게 터득하면 한글은 물론 한국의 문화와 정신까지 폭넓게 이해 하게 될 것입니다.

※참고 : 본 교재는 ❶기초편으로, ❷문장편 ❸대화편 ❹생활 편으로 구성되어 출간 판매 중에 있습니다.
※ໝາຍເຫດ: ປຶ້ມແບບຮຽນຫຼັ້ມນີ້ແບ່ງຈຳໜ່າຍ ເປັນ ❶ບົດຮຽນພື້ນຖານ ❷ບົດຮຽນປະໂຫຍກ ❸ບົດຮຽນສົນທະນາ ❹ ບົດຮຽນການໃຊ້ຊີວິດ

※판매처 : 교보문고, 알라딘, yes24, 네이버, 쿠팡 등
※ຕົວແທນຈຳໜ່າຍ: Kyobo Book Centre, Aladin, Yes24, Naver, Coupang ແລະ ອື່ນໆ.

저자 권용선

차 례 ສາລະບານ

제1장
자음
ບົດທີ 1
ພະຍັນຊະນະ

 **01**

자음 [ພະຍັນຊະນະ]

월   일

✂ 자음 읽기 [ການອ່ານພະຍັນຊະນະ]

ㄱ	ㄴ	ㄷ	ㄹ	ㅁ
기역(Giyeok)	니은(Nieun)	디귿(Digeut)	리을(Rieul)	미음(Mieum)
ㅂ	ㅅ	ㅇ	ㅈ	ㅊ
비읍(Bieup)	시옷(Siot)	이응(Ieung)	지읒(Jieut)	치읓(Chieut)
ㅋ	ㅌ	ㅍ	ㅎ	
키읔(Kieuk)	티읕(Tieut)	피읖(Pieup)	히읗(Hieut)	

✂ 자음 쓰기 [ການຂຽນພະຍັນຊະນະ]

ㄱ	ㄴ	ㄷ	ㄹ	ㅁ
기역(Giyeok)	니은(Nieun)	디귿(Digeut)	리을(Rieul)	미음(Mieum)
ㅂ	ㅅ	ㅇ	ㅈ	ㅊ
비읍(Bieup)	시옷(Siot)	이응(Ieung)	지읒(Jieut)	치읓(Chieut)
ㅋ	ㅌ	ㅍ	ㅎ	
키읔(Kieuk)	티읕(Tieut)	피읖(Pieup)	히읗(Hieut)	

자음 [ພະຍັນຊະນະ]

월   일

자음 익히기 [ການເຝິກພະຍັນຊະນະ]

다음 자음을 쓰는 순서에 맞게 따라 쓰세요.
(ຈົ່ງຂຽນພະຍັນຊະນະຕໍ່ໄປນີ້ ຕາມລຳດັບການຂຽນທີ່ຖືກຕ້ອງ.)

자음 ພະຍັນຊະນະ	이름 ຊື່	쓰는 순서 ລຳດັບການຂຽນ	영어 표기 ພາສາອັງກິດ	쓰기 ການຂຽນ				
ㄱ	기역		Giyeok	ㄱ				
ㄴ	니은		Nieun	ㄴ				
ㄷ	디귿		Digeut	ㄷ				
ㄹ	리을		Rieul	ㄹ				
ㅁ	미음		Mieum	ㅁ				
ㅂ	비읍		Bieup	ㅂ				
ㅅ	시옷		Siot	ㅅ				
ㅇ	이응		Ieung	ㅇ				
ㅈ	지읒		Jieut	ㅈ				
ㅊ	치읓		Chieut	ㅊ				
ㅋ	키읔		Kieuk	ㅋ				
ㅌ	티읕		Tieut	ㅌ				
ㅍ	피읖		Pieup	ㅍ				
ㅎ	히읗		Hieut	ㅎ				

03 한글 자음과 모음표 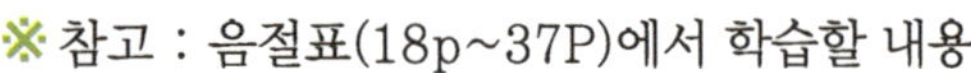

월   일

※ 참고 : 음절표(18p~37P)에서 학습할 내용

mp3 자음 모음	ㅏ (아)	ㅑ (야)	ㅓ (어)	ㅕ (여)	ㅗ (오)	ㅛ (요)	ㅜ (우)	ㅠ (유)	ㅡ (으)	ㅣ (이)
ㄱ (기역)	가	갸	거	겨	고	교	구	규	그	기
ㄴ (니은)	나	냐	너	녀	노	뇨	누	뉴	느	니
ㄷ (디귿)	다	댜	더	뎌	도	됴	두	듀	드	디
ㄹ (리을)	라	랴	러	려	로	료	루	류	르	리
ㅁ (미음)	마	먀	머	며	모	묘	무	뮤	므	미
ㅂ (비읍)	바	뱌	버	벼	보	뵤	부	뷰	브	비
ㅅ (시옷)	사	샤	서	셔	소	쇼	수	슈	스	시
ㅇ (이응)	아	야	어	여	오	요	우	유	으	이
ㅈ (지읒)	자	쟈	저	져	조	죠	주	쥬	즈	지
ㅊ (치읓)	차	챠	처	쳐	초	쵸	추	츄	츠	치
ㅋ (키읔)	카	캬	커	켜	코	쿄	쿠	큐	크	키
ㅌ (티읕)	타	탸	터	텨	토	툐	투	튜	트	티
ㅍ (피읖)	파	퍄	퍼	펴	포	표	푸	퓨	프	피
ㅎ (히응)	하	햐	허	혀	호	효	후	휴	흐	히

제2장
모음
ບົດທີ 2 ສະຫຼະ

🔶 모음 읽기 [ການອ່ານສະຫຼະ]

ㅏ	ㅑ	ㅓ	ㅕ	ㅗ
아(A)	야(Ya)	어(Eo)	여(Yeo)	오(O)
ㅛ	ㅜ	ㅠ	ㅡ	ㅣ
요(Yo)	우(U)	유(Yu)	으(Eu)	이(I)

🔶 모음 쓰기 [ການຂຽນສະຫຼະ]

① ㅏ ②	① ㅑ ② ③	① ② ㅓ	① ② ㅕ ③	① ② ㅗ
아(A)	야(Ya)	어(Eo)	여(Yeo)	오(O)
① ② ㅛ ③	① ㅜ ②	① ㅠ ② ③	① ㅡ	① ㅣ
요(Yo)	우(U)	유(Yu)	으(Eu)	이(I)

모음 익히기 [ການເຝິກສະຫຼະ]

다음 모음을 쓰는 순서에 맞게 따라 쓰세요.
(ຈົ່ງຂຽນສະຫຼະຕໍ່ໄປນີ້ ຕາມລຳດັບການຂຽນທີ່ຖືກຕ້ອງ.)

모음 ສະຫຼະ	이름 ຊື່	쓰는 순서 ລຳດັບການຂຽນ	영어 표기 ພາສາອັງກິດ	쓰기 ການຂຽນ				
ㅏ	아	ㅏ	A	ㅏ				
ㅑ	야	ㅑ	Ya	ㅑ				
ㅓ	어	ㅓ	Eo	ㅓ				
ㅕ	여	ㅕ	Yeo	ㅕ				
ㅗ	오	ㅗ	O	ㅗ				
ㅛ	요	ㅛ	Yo	ㅛ				
ㅜ	우	ㅜ	U	ㅜ				
ㅠ	유	ㅠ	Yu	ㅠ				
ㅡ	으	ㅡ	Eu	ㅡ				
ㅣ	이	ㅣ	I	ㅣ				

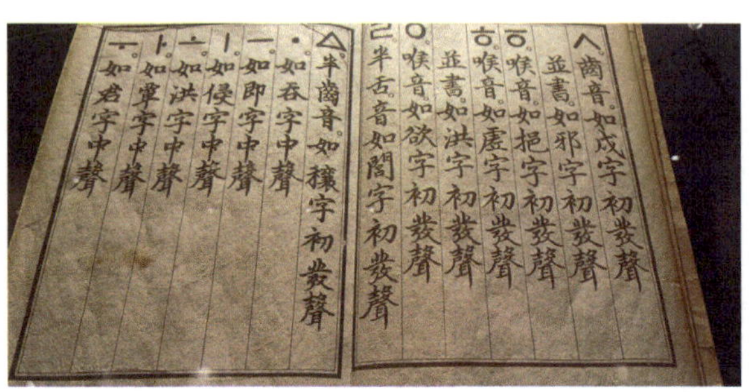

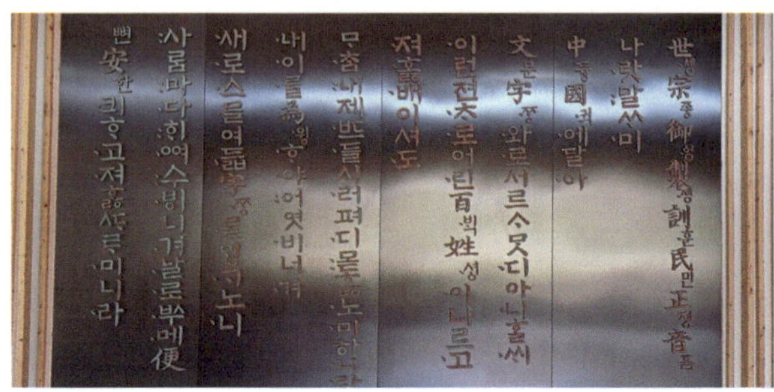

- 훈민정음(訓民正音) : 새로 창제된 훈민정음을 1446년(세종 28) 정인지 등 집현전 학사들이 저술한 한문해설서이다. 해례가 붙어 있어서〈훈민정음 해례본 訓民正音 解例本〉이라고도 하며 예의(例義), 해례(解例), 정인지 서문으로 구성되어 있다. 특히 서문에는 **훈민정음을 만든 이유**, 편찬자, 편년월일, 우수성을 기록하고 있다. 1997년 유네스코 세계기록유산으로 등록되었다.

■ 훈민정음(訓民正音)을 만든 이유

- 훈민정음은 백성을 가르치는 바른 소리 -

훈민정음 서문에 나오는 '나랏말씀이 중국과 달라 한자와 서로 통하지 않는다.' 는 말은 풍속과 기질이 달라 성음(聲音)이 서로 같지 않게 된다는 것이다.

"이런 이유로 어리석은 백성이 말하고 싶은 것이 있어도 마침내 제 뜻을 표현하지 못하는 사람이 많다. 이를 불쌍히 여겨 새로 28자를 만들었으니 사람마다 쉽게 익혀 씀에 편하게 할 뿐이다."

지혜로운 사람은 아침나절이 되기 전에 이해하고 어리석은 사람도 열흘이면 배울 수 있는 훈민정음은 바람소리, 학의 울음이나 닭 울음소리, 개 짖는 소리까지 모두 표현해 쓸 수 있어 지구상의 모든 문자 가운데 가장 창의적이고 과학적이라는 찬사를 받는 문자이다.

-세종 28년-

■ 세종대왕 약력

- 조선 제4대 왕
- 이름: 이도
- 출생지: 서울(한양)
- 생년월일: 1397년 5월 15일~1450년 2월 17일
- 재위 기간: 1418년 8월~1450년 2월(31년 6개월)

■ ເຫດຜົນທີ່ສ້າງຕັ້ງທຮນມິນຈອງອິມ

- ທຮນມິນຈອງອິມ ຄືສຽງທີ່ຖືກຕ້ອງ ເພື່ອການສອນປະຊາຊົນ -

ຄຳທີ່ວ່າ: "ສຳນຽງພາສາຂອງປະເທດເຮົາແຕກຕ່າງຈາກຂອງຈີນ, ບໍ່ກົງກັບຕົວອັກສອນຈີນ" ທີ່ຍູ່ໃນຄຳນຳຂອງທຮນມິນຈອງອິມ, ໝາຍເຖິງ ຂະໜົບທຳນຽມ ແລະ ນິດໄສທີ່ແຕກຕ່າງກັນ, ເຮັດເຮັດໃຫ້ອັກຂະທະສຽງ (聲音) ກໍ່ບໍ່ຄືກັນ."

"ດ້ວຍເຫດນີ້, ເຖິງແມ່ນປະຊາຊົນທີ່ໂງ່ຈ້າຕ້ອງການເວົ້າ, ແຕ່ສຸດທ້າຍແລ້ວຫຼາຍຄົນກໍບໍ່ສາມາດສະແດງອອກສິ່ງທີ່ຕົນເອງຢາກເວົ້າໄດ້. ດັ່ງນັ້ນ, ພວກຂ້ານະເຈົ້າຈຶ່ງສ້າງຕົວອັກສອນໃໝ່ຂຶ້ນມາ 28 ຕົວດ້ວຍຄວາມເຫັນອົກເຫັນໃຈ ເພື່ອໃຫ້ທຸກຄົນສາມາດນຳໃຊ້ໄດ້ງ່າຍ ແລະ ສະດວກສະບາຍເທົ່ານັ້ນ."

ທຮນມິນຈອງອິມ ເຊິ່ງສ່ວນຄົນທີ່ມີສະຕິປັນຍາຈະເຂົ້າໃຈກ່ອນທີ່ເຊົ້າເຊົ້າ ແລະ ສ່ວນຄົນທີ່ໂງ່ເຂລາກໍສາມາດຮຽນຮູ້ໄດ້ພຽງແຕ່ເວລາສິບວັນເທົ່ານັ້ນ ສາມາດເຮັດໃຫ້ສະແດງເຖິງສຽງລົມ, ສຽງນົກກະຮຽນຮ້ອງ ຫຼື ສຽງໄກ່ຮ້ອງ, ໄປຈົນເຖິງສຽງໝາເຫົ່າ ແລະ ເປັນຕົວໜັງສືທີ່ໄດ້ຮັບຄຳຍົກຍ້ອງວ່າ ມີຄວາມຄິດສ້າງສັນ ແລະ ຕາມຫຼັກວິທະຍາສາດທີ່ສຸດໃນບັນດາຕົວໜັງສືທັງໝົດເທິງໂລກ

- ເຊຈົງ 28 ປີ -

■ ຊີວະປະຫວັດໂດຍຫຍໍ້ຂອງພະເຈົ້າເຊຈົງມະຫາລາດ

- ກະສັດອົງທີ່ 4 ແຫ່ງລາຊະວົງໂຈຊອນ
- ພະນາມ: ອີໂດ
- ສະຖານທີ່ເກີດ: ໂຊລ (ຮັນຍາງ)
- ວັນເດືອນປີເກີດ: 15 ພຶດສະພາ ປີ 1397 – 17 ກຸມພາ ປີ 1450
- ໄລຍະຄອງລາຊະສົມບັດ: ສິງຫາ ປີ 1418 – ກຸມພາ ປີ 1450 (31 ປີ 6 ເດືອນ)

제3장

겹자음과 겹모음

บົດທີ 3 ພະຍັນຊະນະປະສົມ ກັບ
ສະຫຼະປະສົມ

겹자음 [ພະຍັນຊະນະປະສົມ]

월   일

겹자음 읽기 [ການອ່ານພະຍັນຊະນະປະສົມ]

ㄲ	ㄸ	ㅃ	ㅆ	ㅉ
쌍기역 (Ssanggiyeok)	쌍디귿 (Ssangdigeut)	쌍비읍 (Ssangbieup)	쌍시옷 (Ssangsiot)	쌍지읒 (Ssangjieut)

겹자음 쓰기 [ການຂຽນພະຍັນຊະນະປະສົມ]

ㄲ	ㄸ	ㅃ	ㅆ	ㅉ
쌍기역 (Ssanggiyeok)	쌍디귿 (Ssangdigeut)	쌍비읍 (Ssangbieup)	쌍시옷 (Ssangsiot)	쌍지읒 (Ssangjieut)

겹자음 익히기 [ການເຝິກພະຍັນຊະນະປະສົມ]

다음 겹자음을 쓰는 순서에 맞게 따라 쓰세요.
(ຈົ່ງຂຽນພະຍັນຊະນະປະສົມຕໍ່ໄປນີ້ ຕາມລຳດັບການຂຽນທີ່ຖືກຕ້ອງ.)

겹자음 ພະຍັນຊະນະ ປະສົມ	이름 ຊື່	쓰는 순서 ລຳດັບການຂຽນ	영어 표기 ພາສາອັງກິດ	쓰기 ການຂຽນ					
ㄲ	쌍기역		Ssanggiyeok	ㄲ					
ㄸ	쌍디귿		Ssangdigeut	ㄸ					
ㅃ	쌍비읍		Ssangbieup	ㅃ					
ㅆ	쌍시옷		Ssangsiot	ㅆ					
ㅉ	쌍지읒		Ssangjieut	ㅉ					

02 겹모음 [ສະຫງະປະສົມ]

겹모음 읽기 [ການອ່ານສະຫງະປະສົມ]

ㅐ	ㅔ	ㅒ	ㅖ	ㅘ
애(Ae)	에(E)	얘(Yae)	예(Ye)	와(Wa)
ㅙ	ㅚ	ㅝ	ㅞ	ㅟ
왜(Wae)	외(Oe)	워(Wo)	웨(We)	위(Wi)
ㅢ				
의(Ui)				

겹모음 쓰기 [ການຂຽນສະຫງະປະສົມ]

ㅐ	ㅔ	ㅒ	ㅖ	ㅘ
애(Ae)	에(E)	얘(Yae)	예(Ye)	와(Wa)
ㅙ	ㅚ	ㅝ	ㅞ	ㅟ
왜(Wae)	외(Oe)	워(Wo)	웨(We)	위(Wi)
ㅢ				
의(Ui)				

겹모음 [ສະຫຼະປະສົມ]

겹모음 익히기 [ການເຝິກສະຫຼະປະສົມ]

다음 겹모음을 쓰는 순서에 맞게 따라 쓰세요.
(ຈົ່ງຂຽນສະຫຼະປະສົມຕໍ່ໄປນີ້ ຕາມລຳດັບການຂຽນທີ່ຖຶກຕ້ອງ.)

겹모음 ສະຫຼະປະສົມ	이름 ຊື່	쓰는 순서 ລຳດັບການຂຽນ	영어 표기 ພາສາອັງກິດ	쓰기 ການຂຽນ						
ㅐ	애		Ae	ㅐ						
ㅔ	에		E	ㅔ						
ㅒ	얘		Yae	ㅒ						
ㅖ	예		Ye	ㅖ						
ㅘ	와		Wa	ㅘ						
ㅙ	왜		Wae	ㅙ						
ㅚ	외		Oe	ㅚ						
ㅝ	워		Wo	ㅝ						
ㅞ	웨		We	ㅞ						
ㅟ	위		Wi	ㅟ						
ㅢ	의		Ui	ㅢ						

제4장
음절표
ບົດທີ 4 ຕາລາງພະຍາງ

01 자음+모음(ㅏ) [ພະຍັນຊະນະ + ສະຫຼະ (ㅏ)]

월   일

자음+모음(ㅏ) 읽기 [ການອ່ານພະຍັນຊະນະ + ສະຫຼະ (ㅏ)]

가	나	다	라	마
Ga	Na	Da	Ra	Ma
바	사	아	자	차
Ba	Sa	A	Ja	Cha
카	타	파	하	
Ka	Ta	Pa	Ha	

자음+모음(ㅏ) 쓰기 [ການຂຽນພະຍັນຊະນະ + ສະຫຼະ (ㅏ)]

가	나	다	라	마
Ga	Na	Da	Ra	Ma
바	사	아	자	차
Ba	Sa	A	Ja	Cha
카	타	파	하	
Ka	Ta	Pa	Ha	

ການຮຽນຮູ້ຮັບກົນພື້ນຖານສຳລັບຜູ້ທີ່ໃຊ້ພາສາລາວ

자음+모음(ㅏ) [ພະຍັນຊະນະ + ສະຫຼະ (ㅏ)]

월   일

자음+모음(ㅏ) 익히기 [ການເຝິກພະຍັນຊະນະ + ສະຫຼະ (ㅏ)]

다음 자음+모음(ㅏ)을 쓰는 순서에 맞게 따라 쓰세요.
(ຈົ່ງຂຽນພະຍັນຊະນະ + ສະຫຼະ (ㅏ) ຕໍ່ໄປນີ້ ຕາມລຳດັບການຂຽນທີ່ຖືກຕ້ອງ.)

자음+모음(ㅏ)	이름	쓰는 순서	영어 표기	쓰기					
ㄱ+ㅏ	가	가	Ga	가					
ㄴ+ㅏ	나	나	Na	나					
ㄷ+ㅏ	다	다	Da	다					
ㄹ+ㅏ	라	라	Ra	라					
ㅁ+ㅏ	마	마	Ma	마					
ㅂ+ㅏ	바	바	Ba	바					
ㅅ+ㅏ	사	사	Sa	사					
ㅇ+ㅏ	아	아	A	아					
ㅈ+ㅏ	자	자	Ja	자					
ㅊ+ㅏ	차	차	Cha	차					
ㅋ+ㅏ	카	카	Ka	카					
ㅌ+ㅏ	타	타	Ta	타					
ㅍ+ㅏ	파	파	Pa	파					
ㅎ+ㅏ	하	하	Ha	하					

자음+모음 (ㅓ) [ພະຍັນຊະນະ + ສະຫຼະ (ㅓ)]

월 일

자음+모음 (ㅓ) 읽기 [ການອ່ານພະຍັນຊະນະ + ສະຫຼະ (ㅓ)]

거	너	더	러	머
Geo	Neo	Deo	Reo	Meo
버	서	어	저	처
Beo	Seo	Eo	Jeo	Cheo
커	터	퍼	허	
Keo	Teo	Peo	Heo	

자음+모음 (ㅓ) 쓰기 [ການຂຽນພະຍັນຊະນະ + ສະຫຼະ (ㅓ)]

거	너	더	러	머
Geo	Neo	Deo	Reo	Meo
버	서	어	저	처
Beo	Seo	Eo	Jeo	Cheo
커	터	퍼	허	
Keo	Teo	Peo	Heo	

02 자음+모음(ㅓ) [ພະຍັນຊະນະ + ສະຫຼະ (ㅓ)]

자음+모음(ㅓ) 익히기 [ການເຝິກພະຍັນຊະນະ + ສະຫຼະ (ㅓ)]

다음 자음+모음(ㅓ)을 쓰는 순서에 맞게 따라 쓰세요.

(ຈົ່ງຂຽນພະຍັນຊະນະ + ສະຫຼະ (ㅓ) ຕໍ່ໄປນີ້ ຕາມລຳດັບການຂຽນທີ່ຖືກຕ້ອງ.)

자음+모음(ㅓ)	이름	쓰는 순서	영어 표기	쓰기					
ㄱ+ㅓ	거	거	Geo	거					
ㄴ+ㅓ	너	너	Neo	너					
ㄷ+ㅓ	더	더	Deo	더					
ㄹ+ㅓ	러	러	Reo	러					
ㅁ+ㅓ	머	머	Meo	머					
ㅂ+ㅓ	버	버	Beo	버					
ㅅ+ㅓ	서	서	Seo	서					
ㅇ+ㅓ	어	어	Eo	어					
ㅈ+ㅓ	저	저	Jeo	저					
ㅊ+ㅓ	처	처	Cheo	처					
ㅋ+ㅓ	커	커	Keo	커					
ㅌ+ㅓ	터	터	Teo	터					
ㅍ+ㅓ	퍼	퍼	Peo	퍼					
ㅎ+ㅓ	허	허	Heo	허					

03 자음+모음(ㅗ) [ພະຍັນຊະນະ + ສະຫຼະ (ㅗ)]

자음+모음(ㅗ) 읽기 [ການອ່ານພະຍັນຊະນະ + ສະຫຼະ (ㅗ)]

고	노	도	로	모
Go	No	Do	Ro	Mo
보	소	오	조	초
Bo	So	O	Jo	Cho
코	토	포	호	
Ko	To	Po	Ho	

자음+모음(ㅗ) 쓰기 [ການຂຽນພະຍັນຊະນະ + ສະຫຼະ (ㅗ)]

고	노	도	로	모
Go	No	Do	Ro	Mo
보	소	오	조	초
Bo	So	O	Jo	Cho
코	토	포	호	
Ko	To	Po	Ho	

자음+모음(ㅗ) [ພະຍັນຊະນະ + ສະຫຼະ (ㅗ)]

월 일

자음+모음(ㅗ) 익히기 [ການເຝິກພະຍັນຊະນະ + ສະຫຼະ (ㅗ)]

다음 자음+모음(ㅗ)을 쓰는 순서에 맞게 따라 쓰세요.

(ຈົ່ງຂຽນພະຍັນຊະນະ + ສະຫຼະ (ㅗ) ຕໍ່ໄປນີ້ ຕາມລຳດັບການຂຽນທີ່ຖຶກຕ້ອງ.)

자음+모음(ㅗ)	이름	쓰는 순서	영어 표기	쓰기					
ㄱ+ㅗ	고	고	Go	고					
ㄴ+ㅗ	노	노	No	노					
ㄷ+ㅗ	도	도	Do	도					
ㄹ+ㅗ	로	로	Ro	로					
ㅁ+ㅗ	모	모	Mo	모					
ㅂ+ㅗ	보	보	Bo	보					
ㅅ+ㅗ	소	소	So	소					
ㅇ+ㅗ	오	오	O	오					
ㅈ+ㅗ	조	조	Jo	조					
ㅊ+ㅗ	초	초	Cho	초					
ㅋ+ㅗ	코	코	Ko	코					
ㅌ+ㅗ	토	토	To	토					
ㅍ+ㅗ	포	포	Po	포					
ㅎ+ㅗ	호	호	Ho	호					

04 자음+모음(ㅜ) [ພະຍັນຊະນະ + ສະຫຼະ (ㅜ)]

월 일

자음+모음(ㅜ) 읽기 [ການອ່ານພະຍັນຊະນະ + ສະຫຼະ (ㅜ)]

구	누	두	루	무
Gu	Nu	Du	Ru	Mu
부	수	우	주	추
Bu	Su	U	Ju	Chu
쿠	투	푸	후	
Ku	Tu	Pu	Hu	

자음+모음(ㅜ) 쓰기 [ການຂຽນພະຍັນຊະນະ + ສະຫຼະ (ㅜ)]

구	누	두	루	무
Gu	Nu	Du	Ru	Mu
부	수	우	주	추
Bu	Su	U	Ju	Chu
쿠	투	푸	후	
Ku	Tu	Pu	Hu	

자음+모음(ㅜ) [ພະຍັນຊະນະ + ສະຫຼະ (ㅜ)]

월 일

자음+모음(ㅜ) 익히기 [ການເຝິກພະຍັນຊະນະ + ສະຫຼະ (ㅜ)]

다음 자음+모음(ㅜ)을 쓰는 순서에 맞게 따라 쓰세요.

(ຈົ່ງຂຽນພະຍັນຊະນະ + ສະຫຼະ (ㅜ) ຕໍ່ໄປນີ້ ຕາມລຳດັບການຂຽນທີ່ຖືກຕ້ອງ.)

자음+모음(ㅜ)	이름	쓰는 순서	영어 표기	쓰기				
ㄱ+ㅜ	구	구	Gu	구				
ㄴ+ㅜ	누	누	Nu	누				
ㄷ+ㅜ	두	두	Du	두				
ㄹ+ㅜ	루	루	Ru	루				
ㅁ+ㅜ	무	무	Mu	무				
ㅂ+ㅜ	부	부	Bu	부				
ㅅ+ㅜ	수	수	Su	수				
ㅇ+ㅜ	우	우	U	우				
ㅈ+ㅜ	주	주	Ju	주				
ㅊ+ㅜ	추	추	Chu	추				
ㅋ+ㅜ	쿠	쿠	Ku	쿠				
ㅌ+ㅜ	투	투	Tu	투				
ㅍ+ㅜ	푸	푸	Pu	푸				
ㅎ+ㅜ	후	후	Hu	후				

05 자음+모음(ㅡ) [ພະຍັນຊະນະ + ສະຫຼະ (ㅡ)]

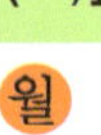

월   일

자음+모음(ㅡ) 읽기 [ການອ່ານພະຍັນຊະນະ + ສະຫຼະ (ㅡ)]

ㄱ	ㄴ	ㄷ	ㄹ	ㅁ
Geu	Neu	Deu	Reu	Meu
ㅂ	ㅅ	ㅇ	ㅈ	ㅊ
Beu	Seu	Eu	Jeu	Cheu
ㅋ	ㅌ	ㅍ	ㅎ	
Keu	Teu	Peu	Heu	

자음+모음(ㅡ) 쓰기 [ການຊຽນພະຍັນຊະນະ + ສະຫຼະ (ㅡ)]

ㄱ	ㄴ	ㄷ	ㄹ	ㅁ
Geu	Neu	Deu	Reu	Meu
ㅂ	ㅅ	ㅇ	ㅈ	ㅊ
Beu	Seu	Eu	Jeu	Cheu
ㅋ	ㅌ	ㅍ	ㅎ	
Keu	Teu	Peu	Heu	

자음+모음(ㅡ) [ພະຍັນຊະນະ + ສະຫຼະ (ㅡ)]

월   일

자음+모음(ㅡ) 익히기 [ການເຝິກພະຍັນຊະນະ + ສະຫຼະ (ㅡ)]

다음 자음+모음(ㅡ)을 쓰는 순서에 맞게 따라 쓰세요.

(ຈົ່ງຂຽນພະຍັນຊະນະ + ສະຫຼະ (ㅡ) ຕໍ່ໄປນີ້ ຕາມລຳດັບການຂຽນທີ່ຖືກຕ້ອງ.)

자음+모음(ㅡ)	이름	쓰는 순서	영어 표기	쓰기					
ㄱ+ㅡ	그	그	Geu	그					
ㄴ+ㅡ	느	느	Neu	느					
ㄷ+ㅡ	드	드	Deu	드					
ㄹ+ㅡ	르	르	Reu	르					
ㅁ+ㅡ	므	므	Meu	므					
ㅂ+ㅡ	브	브	Beu	브					
ㅅ+ㅡ	스	스	Seu	스					
ㅇ+ㅡ	으	으	Eu	으					
ㅈ+ㅡ	즈	즈	Jeu	즈					
ㅊ+ㅡ	츠	츠	Cheu	츠					
ㅋ+ㅡ	크	크	Keu	크					
ㅌ+ㅡ	트	트	Teu	트					
ㅍ+ㅡ	프	프	Peu	프					
ㅎ+ㅡ	흐	흐	Heu	흐					

자음+모음 (ㅑ) [ພະຍັນຊະນະ + ສະຫຼະ (ㅑ)]

월   일

자음+모음 (ㅑ) 읽기 [ການອ່ານພະຍັນຊະນະ + ສະຫຼະ (ㅑ)]

갸	냐	댜	랴	먀
Gya	Nya	Dya	Rya	Mya
뱌	샤	야	쟈	챠
Bya	Sya	Ya	Jya	Chya
캬	탸	퍄	햐	
Kya	Tya	Pya	Hya	

자음+모음 (ㅑ) 쓰기 [ການຂຽນພະຍັນຊະນະ + ສະຫຼະ (ㅑ)]

갸	냐	댜	랴	먀
Gya	Nya	Dya	Rya	Mya
뱌	샤	야	쟈	챠
Bya	Sya	Ya	Jya	Chya
캬	탸	퍄	햐	
Kya	Tya	Pya	Hya	

자음+모음(ㅑ) [ພະຍັນຊະນະ + ສະຫຼະ (ㅑ)]

월 일

자음+모음(ㅑ) 익히기 [ການເຝິກພະຍັນຊະນະ + ສະຫຼະ (ㅑ)]

다음 자음+모음(ㅑ)을 쓰는 순서에 맞게 따라 쓰세요.

(ຈົ່ງຂຽນພະຍັນຊະນະ + ສະຫຼະ (ㅑ) ຕໍ່ໄປນີ້ ຕາມລຳດັບການຂຽນທີ່ຖືກຕ້ອງ.)

자음+모음(ㅑ)	이름	쓰는 순서	영어 표기	쓰기					
ㄱ+ㅑ	갸	갸	Gya	갸					
ㄴ+ㅑ	냐	냐	Nya	냐					
ㄷ+ㅑ	댜	댜	Dya	댜					
ㄹ+ㅑ	랴	랴	Rya	랴					
ㅁ+ㅑ	먀	먀	Mya	먀					
ㅂ+ㅑ	뱌	뱌	Bya	뱌					
ㅅ+ㅑ	샤	샤	Sya	샤					
ㅇ+ㅑ	야	야	Ya	야					
ㅈ+ㅑ	쟈	쟈	Jya	쟈					
ㅊ+ㅑ	챠	챠	Chya	챠					
ㅋ+ㅑ	캬	캬	Kya	캬					
ㅌ+ㅑ	탸	탸	Tya	탸					
ㅍ+ㅑ	퍄	퍄	Pya	퍄					
ㅎ+ㅑ	햐	햐	Hya	햐					

자음+모음(ㅕ) [ພະຍັນຊະນະ + ສະຫຼະ (ㅕ)]

월   일

자음+모음(ㅕ) 읽기 [ການອ່ານພະຍັນຊະນະ + ສະຫຼະ (ㅕ)]

겨	녀	뎌	려	며
Gyeo	Nyeo	Dyeo	Ryeo	Myeo
벼	셔	여	져	쳐
Byeo	Syeo	Yeo	Jyeo	Chyeo
켜	텨	펴	혀	
Kya	Tyeo	Pyeo	Hyeo	

자음+모음(ㅕ) 쓰기 [ການຊຽນພະຍັນຊະນະ + ສະຫຼະ (ㅕ)]

겨	녀	뎌	려	며
Gyeo	Nyeo	Dyeo	Rya	Myeo
벼	셔	여	져	쳐
Byeo	Syeo	Yeo	Jyeo	Chyeo
켜	텨	펴	혀	
Kyeo	Tyeo	Pyeo	Hyeo	

자음+모음(ㅕ) [ພະຍັນຊະນະ + ສະຫຼະ (ㅕ)]

자음+모음(ㅕ) 익히기 [ການເຝິກພະຍັນຊະນະ + ສະຫຼະ (ㅕ)]

다음 자음+모음(ㅕ)을 쓰는 순서에 맞게 따라 쓰세요.

(ຈົ່ງຂຽນພະຍັນຊະນະ + ສະຫຼະ (ㅕ) ຕໍ່ໄປນີ້ ຕາມລຳດັບການຂຽນທີ່ຖືກຕ້ອງ.)

자음+모음(ㅕ)	이름	쓰는 순서	영어 표기	쓰기					
ㄱ+ㅕ	겨	겨	Gyeo	겨					
ㄴ+ㅕ	녀	녀	Nyeo	녀					
ㄷ+ㅕ	뎌	뎌	Dyeo	뎌					
ㄹ+ㅕ	려	려	Ryeo	려					
ㅁ+ㅕ	며	며	Myeo	며					
ㅂ+ㅕ	벼	벼	Byeo	벼					
ㅅ+ㅕ	셔	셔	Syeo	셔					
ㅇ+ㅕ	여	여	Yeo	여					
ㅈ+ㅕ	져	져	Jyeo	져					
ㅊ+ㅕ	쳐	쳐	Chyeo	쳐					
ㅋ+ㅕ	켜	켜	Kyeo	켜					
ㅌ+ㅕ	텨	텨	Tyeo	텨					
ㅍ+ㅕ	펴	펴	Pyeo	펴					
ㅎ+ㅕ	펴	혀	Hyeo	혀					

자음+모음(ㅛ) [ພະຍັນຊະນະ + ສະຫຼະ (ㅛ)]

월 일

자음+모음(ㅛ) 읽기 [ການອ່ານພະຍັນຊະນະ + ສະຫຼະ (ㅛ)]

교	뇨	됴	료	묘
Gyo	Nyo	Dyo	Ryo	Myo
뵤	쇼	요	죠	쵸
Byo	Syo	Yo	Jyo	Chyo
쿄	툐	표	효	
Kyo	Tyo	Pyo	Hyo	

자음+모음(ㅛ) 쓰기 [ການຂຽນພະຍັນຊະນະ + ສະຫຼະ (ㅛ)]

교	뇨	됴	료	묘
Gyo	Nyo	Dyo	Ryo	Myo
뵤	쇼	요	죠	쵸
Byo	Syo	Yo	Jyo	Chyo
쿄	툐	표	효	
Kyo	Tyo	Pyo	Hyo	

 08

자음+모음(ㅛ) [ພະຍັນຊະນະ + ສະຫຼະ (ㅛ)]

자음+모음(ㅛ) 익히기 [ການເຝິກພະຍັນຊະນະ + ສະຫຼະ (ㅛ)]

다음 자음+모음(ㅛ)을 쓰는 순서에 맞게 따라 쓰세요.

(ຈົ່ງຂຽນພະຍັນຊະນະ + ສະຫຼະ (ㅛ) ຕໍ່ໄປນີ້ ຕາມລຳດັບການຂຽນທີ່ຖືກຕ້ອງ.)

자음+모음(ㅛ)	이름	쓰는 순서	영어 표기	쓰기					
ㄱ+ㅛ	교	교	Gyo	교					
ㄴ+ㅛ	뇨	뇨	Nyo	뇨					
ㄷ+ㅛ	됴	됴	Dyo	됴					
ㄹ+ㅛ	료	료	Ryo	료					
ㅁ+ㅛ	묘	묘	Myo	묘					
ㅂ+ㅛ	뵤	뵤	Byo	뵤					
ㅅ+ㅛ	쇼	쇼	Syo	쇼					
ㅇ+ㅛ	요	요	Yo	요					
ㅈ+ㅛ	죠	죠	Jyo	죠					
ㅊ+ㅛ	쵸	쵸	Chyo	쵸					
ㅋ+ㅛ	쿄	쿄	Kyo	쿄					
ㅌ+ㅛ	툐	툐	Tyo	툐					
ㅍ+ㅛ	표	표	Pyo	표					
ㅎ+ㅛ	효	효	Hyo	효					

자음+모음(ㅠ) [ພະຍັນຊະນະ + ສະຫຼະ (ㅠ)]

월　일

자음+모음(ㅠ) 읽기 [ການອ່ານພະຍັນຊະນະ + ສະຫຼະ (ㅠ)]

규	뉴	듀	류	뮤
Gyu	Nyu	Dyu	Ryu	Myu
뷰	슈	유	쥬	츄
Byu	Syu	Yu	Jyu	Chyu
큐	튜	퓨	휴	
Kyu	Tyu	Pyu	Hyu	

자음+모음(ㅠ) 쓰기 [ການຂຽນພະຍັນຊະນະ + ສະຫຼະ (ㅠ)]

규	뉴	듀	류	뮤
Gyu	Nyu	Dyu	Ryu	Myu
뷰	슈	유	쥬	츄
Byu	Syu	Yu	Jyu	Chyu
큐	튜	퓨	휴	
Kyu	Tyu	Pyu	Hyu	

09 자음+모음(ㅠ) [ພະຍັນຊະນະ + ສະຫຼະ (ㅠ)]

월　일

자음+모음(ㅠ) 익히기 [ການເຝິກພະຍັນຊະນະ + ສະຫຼະ (ㅠ)]

다음 자음+모음(ㅠ)을 쓰는 순서에 맞게 따라 쓰세요.

(ຈົ່ງຂຽນພະຍັນຊະນະ + ສະຫຼະ (ㅠ) ຕໍ່ໄປນີ້ ຕາມລຳດັບການຂຽນທີ່ຖຶກຕ້ອງ.)

자음+모음(ㅠ)	이름	쓰는 순서	영어 표기	쓰기				
ㄱ+ㅠ	규		Gyu	규				
ㄴ+ㅠ	뉴		Nyu	뉴				
ㄷ+ㅠ	듀		Dyu	듀				
ㄹ+ㅠ	류		Ryu	류				
ㅁ+ㅠ	뮤		Myu	뮤				
ㅂ+ㅠ	뷰		Byu	뷰				
ㅅ+ㅠ	슈		Syu	슈				
ㅇ+ㅠ	유		Yu	유				
ㅈ+ㅠ	쥬		Jyu	쥬				
ㅊ+ㅠ	츄		Chyu	츄				
ㅋ+ㅠ	큐		Kyu	큐				
ㅌ+ㅠ	튜		Tyu	튜				
ㅍ+ㅠ	퓨		Pyu	퓨				
ㅎ+ㅠ	휴		Hyu	휴				

자음+모음(ㅣ) [ພະຍັນຊະນະ + ສະຫຼະ (ㅣ)]

🔸 자음+모음(ㅣ) 읽기 [ການອ່ານພະຍັນຊະນະ + ສະຫຼະ (ㅣ)]

기	니	디	리	미
Gi	Ni	Di	Ri	Mi
비	시	이	지	치
Bi	Si	I	Ji	Chi
키	티	피	히	
Ki	Ti	Pi	Hi	

🔸 자음+모음(ㅣ) 쓰기 [ການຂຽນພະຍັນຊະນະ + ສະຫຼະ (ㅣ)]

기	니	디	리	미
Gi	Ni	Di	Ri	Mi
비	시	이	지	치
Bi	Si	I	Ji	Chi
키	티	피	히	
Ki	Ti	Pi	Hi	

자음+모음(ㅣ) [ພະຍັນຊະນະ + ສະຫງະ (ㅣ)]

월 일

자음+모음(ㅣ) 익히기 [ການເຝິກພະຍັນຊະນະ + ສະຫງະ (ㅣ)]

다음 자음+모음(ㅣ)을 쓰는 순서에 맞게 따라 쓰세요.

(ຈົ່ງຂຽນພະຍັນຊະນະ + ສະຫງະ (ㅣ) ຕໍ່ໄປນີ້ ຕາມລຳດັບການຂຽນທີ່ຖືກຕ້ອງ.)

자음+모음(ㅣ)	이름	쓰는 순서	영어 표기	쓰기				
ㄱ+ㅣ	기	기	Gi	기				
ㄴ+ㅣ	니	니	Ni	니				
ㄷ+ㅣ	디	디	Di	디				
ㄹ+ㅣ	리	리	Ri	리				
ㅁ+ㅣ	미	미	Mi	미				
ㅂ+ㅣ	비	비	Bi	비				
ㅅ+ㅣ	시	시	Si	시				
ㅇ+ㅣ	이	이	I	이				
ㅈ+ㅣ	지	지	Ji	지				
ㅊ+ㅣ	치	치	Chi	치				
ㅋ+ㅣ	키	키	Ki	키				
ㅌ+ㅣ	티	티	Ti	티				
ㅍ+ㅣ	피	피	Pi	피				
ㅎ+ㅣ	히	히	Hi	히				

한글 자음과 모음 받침표
[ຕາລາງພະຍັນຊະນະ, ສະຫຼະ ແລະ ຕົວສະກົດຂອງຮັນກຶລ]

월   일

※ 참고 : 받침 'ㄱ~ㅎ'(49p~62P)에서 학습할 내용

mp3	받침	가	나	다	라	마	바	사	아	자	차	카	타	파	하
	ㄱ	각	낙	닥	락	막	박	삭	악	작	착	칵	탁	팍	학
	ㄴ	간	난	단	란	만	반	산	안	잔	찬	칸	탄	판	한
	ㄷ	갇	낟	닫	랃	맏	받	삳	앋	잗	찯	칻	탇	팓	핟
	ㄹ	갈	날	달	랄	말	발	살	알	잘	찰	칼	탈	팔	할
	ㅁ	감	남	담	람	맘	밤	삼	암	잠	참	캄	탐	팜	함
	ㅂ	갑	납	답	랍	맙	밥	삽	압	잡	찹	캅	탑	팝	합
	ㅅ	갓	낫	닷	랏	맛	밧	삿	앗	잣	찻	캇	탓	팟	핫
	ㅇ	강	낭	당	랑	망	방	상	앙	장	창	캉	탕	팡	항
	ㅈ	갖	낮	닺	랒	맞	밪	샂	앚	잦	찾	캊	탖	팢	핫
	ㅊ	갗	낯	닻	랓	맟	밫	샃	앛	잦	찾	캋	탗	팣	핯
	ㅋ	각	낙	닥	락	막	박	삭	악	작	착	칵	탁	팍	학
	ㅌ	같	낱	닽	랕	맡	밭	샅	앝	잩	찰	캍	탙	팥	핱
	ㅍ	갚	낲	닾	랖	맢	밮	샆	앞	잪	찺	캎	탚	팦	핲
	ㅎ	갛	낳	닿	랗	맣	밯	샇	앟	잫	찿	캏	탛	팧	핳

제5장

자음과
겹모음

ບົດທີ 5
ພະຍັນຊະນະ ກັບ ສະຫຼະປະສົມ

국어국립원의 '우리말샘'에 등록되지 않은 글자. 또는 쓰임이 적은
글자를 아래와 같이 수록하니, 학습에 참고하시길 바랍니다.

페이지	'우리말샘'에 등록되지 않은 글자. 또는 쓰임이 적은 글자
42p	뎨(Dye) 볘(Bye) 졔(Jye) 쳬(Chye) 톄(Tye)
43p	돠(Dwa) 롸(Rwa) 뫄(Mwa) 톼(Twa) 퐈(Pwa)
44p	놰(Nwae) 뢔(Rwae) 뫠(Mwae) 쵀(Chwae) 퐤(Pwae)
46p	풔(Pwo)
48p	듸(Dui) 릐(Rui) 믜(Mui) 븨(Bui) 싀(Sui) 즤(Jui) 츼(Chui) 킈(Kui)
51p	랃(Rat) 앋(At) 챋(Chat) 캍(Kat) 탇(Tat) 팓(Pat)
57p	샀(Sat) 캀(Kat) 탔(Tat) 팠(Pat) 핫(Hat)
58p	랓(Rat) 맞(Mat) 밫(Bat) 샃(Sat) 앛(At) 잧(Jat) 챷(Chat) 캋(Chat) 탗(Tat) 팣(Pat) 핯(Hat)
59p	갂(Gak) 낚(Nak) 닦(Dak) 띾(Rak) 막(Mak) 밖(Bak) 삵(Sak) 잒(Jak) 챢(Chak) 캌(Kak) 팎(Pak) 핚(Hak)
60p	닽(Dat) 랕(Rat) 잩(Jat) 챁(Chat) 캍(Kat) 탙(Tat) 핱(Hat)
61p	닶(Dap) 맢(Map) 밮(Bap) 챲(Chap) 캎(Kap) 탚(Tap) 팦(Pap) 핪(Hap)
62p	밯(Bat) 샇(Sat) 앟(At) 잫(Jat) 챃(Chat) 캏(Kat) 탛(Tat) 팧(Pat) 핳(Hat)

자음+겹모음(ㅐ) [ພະຍັນຊະນະ + ສະຫຼະປະສົມ (ㅐ)]

다음 자음+겹모음(ㅐ)을 쓰는 순서에 맞게 따라 쓰세요.

(ຈົ່ງຂຽນພະຍັນຊະນະ + ສະຫຼະປະສົມ (ㅐ) ຕໍ່ໄປນີ້ ຕາມລຳດັບການຂຽນທີ່ຖືກຕ້ອງ.)

자음+겹모음(ㅐ)	영어 표기	쓰기						
ㄱ+ㅐ	Gae	개						
ㄴ+ㅐ	Nae	내						
ㄷ+ㅐ	Dae	대						
ㄹ+ㅐ	Rae	래						
ㅁ+ㅐ	Mae	매						
ㅂ+ㅐ	Bae	배						
ㅅ+ㅐ	Sae	새						
ㅇ+ㅐ	Ae	애						
ㅈ+ㅐ	Jae	재						
ㅊ+ㅐ	Chae	채						
ㅋ+ㅐ	Kae	캐						
ㅌ+ㅐ	Tae	태						
ㅍ+ㅐ	Pae	패						
ㅎ+ㅐ	Hae	해						

02 자음+겹모음(ㅔ)

[ພະຍັນຊະນະ + ສະຫຼະປະສົມ (ㅔ)]

자음+겹모음(ㅔ) [ພະຍັນຊະນະ + ສະຫຼະປະສົມ (ㅔ)]

다음 자음+겹모음(ㅔ)을 쓰는 순서에 맞게 따라 쓰세요.

(ຈົ່ງຮຽນພະຍັນຊະນະ + ສະຫຼະປະສົມ (ㅔ) ດັ່ງໄປນີ້ ຕາມລຳດັບການຂຽນທີ່ຖືກຕ້ອງ.)

자음+겹모음(ㅔ)	영어 표기	쓰기					
ㄱ+ㅔ	Ge	게					
ㄴ+ㅔ	Ne	네					
ㄷ+ㅔ	De	데					
ㄹ+ㅔ	Re	레					
ㅁ+ㅔ	Me	메					
ㅂ+ㅔ	Be	베					
ㅅ+ㅔ	Se	세					
ㅇ+ㅔ	E	에					
ㅈ+ㅔ	Je	제					
ㅊ+ㅔ	Che	체					
ㅋ+ㅔ	Ke	케					
ㅌ+ㅔ	Te	테					
ㅍ+ㅔ	Pe	페					
ㅎ+ㅔ	He	헤					

월   일

자음+겹모음(ㅖ) [ພະຍັນຊະນະ + ສະຫຼະປະສົມ (ㅖ)]

다음 자음+겹모음(ㅖ)을 쓰는 순서에 맞게 따라 쓰세요.
(ຈົ່ງຂຽນພະຍັນຊະນະ + ສະຫຼະປະສົມ (ㅖ) ຕໍ່ໄປນີ້ ຕາມລຳດັບການຂຽນທີ່ຖືກຕ້ອງ.)

자음+겹모음(ㅖ)	영어 표기	쓰기					
ㄱ+ㅖ	Gye	계					
ㄴ+ㅖ	Nye	녜					
ㄷ+ㅖ	Dye	뎨					
ㄹ+ㅖ	Rye	례					
ㅁ+ㅖ	Mye	몌					
ㅂ+ㅖ	Bye	볘					
ㅅ+ㅖ	Sye	셰					
ㅇ+ㅖ	Ye	예					
ㅈ+ㅖ	Jye	졔					
ㅊ+ㅖ	Chye	쳬					
ㅋ+ㅖ	Kye	켸					
ㅌ+ㅖ	Tye	톄					
ㅍ+ㅖ	Pye	폐					
ㅎ+ㅖ	Hye	혜					

자음+겹모음(ㅘ)
[ພະຍັນຊະນະ + ສະຫຼະປະສົມ (ㅘ)]

월   일

자음+겹모음(ㅘ) [ພະຍັນຊະນະ + ສະຫຼະປະສົມ (ㅘ)]

다음 자음+겹모음(ㅘ)을 쓰는 순서에 맞게 따라 쓰세요.
(ຈົ່ງຂຽນພະຍັນຊະນະ + ສະຫຼະປະສົມ (ㅘ) ຕໍ່ໄປນີ້ ຕາມລຳດັບການຂຽນທີ່ຖຶກຕ້ອງ.)

자음+겹모음(ㅘ)	영어 표기	쓰기					
ㄱ+ㅘ	Gwa	과					
ㄴ+ㅘ	Nwa	놔					
ㄷ+ㅘ	Dwa	돠					
ㄹ+ㅘ	Rwa	롸					
ㅁ+ㅘ	Mwa	뫄					
ㅂ+ㅘ	Bwa	봐					
ㅅ+ㅘ	Swa	솨					
ㅇ+ㅘ	Wa	와					
ㅈ+ㅘ	Jwa	좌					
ㅊ+ㅘ	Chwa	촤					
ㅋ+ㅘ	Kwa	콰					
ㅌ+ㅘ	Twa	톼					
ㅍ+ㅘ	Pwa	퐈					
ㅎ+ㅘ	Hwa	화					

05 자음+겹모음(ㅙ)

[ພະຍັນຊະນະ + ສະຫຼະປະສົມ (ㅙ)]

월 일

자음+겹모음(ㅙ) [ພະຍັນຊະນະ +ສະຫຼະປະສົມ (ㅙ)]

다음 자음+겹모음(ㅙ)을 쓰는 순서에 맞게 따라 쓰세요.
(ຈົ່ງຂຽນພະຍັນຊະນະ + ສະຫຼະປະສົມ (ㅙ) ຕໍ່ໄປນີ້ ຕາມລຳດັບການຂຽນທີ່ຖືກຕ້ອງ.)

자음+겹모음(ㅙ)	영어 표기	쓰기				
ㄱ+ㅙ	Gwae	괘				
ㄴ+ㅙ	Nwae	놰				
ㄷ+ㅙ	Dwae	돼				
ㄹ+ㅙ	Rwae	뢔				
ㅁ+ㅙ	Mwae	뫠				
ㅂ+ㅙ	Bwae	봬				
ㅅ+ㅙ	Swae	쇄				
ㅇ+ㅙ	Wae	왜				
ㅈ+ㅙ	Jwae	좨				
ㅊ+ㅙ	Chwae	쵀				
ㅋ+ㅙ	Kwae	쾌				
ㅌ+ㅙ	Twae	퇘				
ㅍ+ㅙ	Pwae	퐤				
ㅎ+ㅙ	Hwae	홰				

자음+겹모음(ㅚ)

[ພະຍັນຊະນະ + ສະຫງະປະສົມ (ㅚ)]

월   일

자음+겹모음(ㅚ) [ພະຍັນຊະນະ +ສະຫງະປະສົມ (ㅚ)]

다음 자음+겹모음(ㅚ)을 쓰는 순서에 맞게 따라 쓰세요.

(ຈົ່ງຂຽນພະຍັນຊະນະ + ສະຫງະປະສົມ (ㅚ) ຕໍ່ໄປນີ້ ຕາມລຳດັບການຂຽນທີ່ຖືກຕ້ອງ.)

자음+겹모음(ㅚ)	영어 표기	쓰기					
ㄱ+ㅚ	Goe	괴					
ㄴ+ㅚ	Noe	뇌					
ㄷ+ㅚ	Doe	되					
ㄹ+ㅚ	Roe	뢰					
ㅁ+ㅚ	Moe	뫼					
ㅂ+ㅚ	Boe	뵈					
ㅅ+ㅚ	Soe	쇠					
ㅇ+ㅚ	Oe	외					
ㅈ+ㅚ	Joe	죄					
ㅊ+ㅚ	Choe	최					
ㅋ+ㅚ	Koe	쾨					
ㅌ+ㅚ	Toe	퇴					
ㅍ+ㅚ	Poe	푀					
ㅎ+ㅚ	Hoe	회					

07 자음+겹모음(ㅝ)

[ພະຍັນຊະນະ + ສະຫຼະປະສົມ (ㅝ)]

월 일

자음+겹모음(ㅝ) [ພະຍັນຊະນະ +ສະຫຼະປະສົມ (ㅝ)]

다음 자음+겹모음(ㅝ)을 쓰는 순서에 맞게 따라 쓰세요.
(ຈົ່ງຂຽນພະຍັນຊະນະ + ສະຫຼະປະສົມ (ㅝ) ຕໍ່ໄປນີ້ ຕາມລຳດັບການຂຽນທີ່ຖືກຕ້ອງ.)

자음+겹모음(ㅝ)	영어 표기	쓰기						
ㄱ+ㅝ	Gwo	궈						
ㄴ+ㅝ	Nwo	눠						
ㄷ+ㅝ	Dwo	둬						
ㄹ+ㅝ	Rwo	뤄						
ㅁ+ㅝ	Mwo	뭐						
ㅂ+ㅝ	Bwo	붜						
ㅅ+ㅝ	Swo	숴						
ㅇ+ㅝ	Wo	워						
ㅈ+ㅝ	Jwo	줘						
ㅊ+ㅝ	Chwo	춰						
ㅋ+ㅝ	Kwo	쿼						
ㅌ+ㅝ	Two	퉈						
ㅍ+ㅝ	Pwo	풔						
ㅎ+ㅝ	Hwo	훠						

자음+겹모음(ㅟ)

[ພະຍັນຊະນະ + ສະຫງະປະສົມ (ㅟ)]

자음+겹모음(ㅟ) [ພະຍັນຊະນະ +ສະຫງະປະສົມ (ㅟ)]

다음 자음+겹모음(ㅟ)을 쓰는 순서에 맞게 따라 쓰세요.

(ຈົ່ງຂຽນພະຍັນຊະນະ + ສະຫງະປະສົມ (ㅟ) ຕໍ່ໄປນີ້ ຕາມລຳດັບການຂຽນທີ່ຖືກຕ້ອງ.)

자음+겹모음(ㅟ)	영어 표기	쓰기				
ㄱ+ㅟ	Gwi	귀				
ㄴ+ㅟ	Nwi	뉘				
ㄷ+ㅟ	Dwi	뒤				
ㄹ+ㅟ	Rwi	뤼				
ㅁ+ㅟ	Mwi	뮈				
ㅂ+ㅟ	Bwi	뷔				
ㅅ+ㅟ	Swi	쉬				
ㅇ+ㅟ	Wi	위				
ㅈ+ㅟ	Jwi	쥐				
ㅊ+ㅟ	Chwi	취				
ㅋ+ㅟ	Kwi	퀴				
ㅌ+ㅟ	Twi	튀				
ㅍ+ㅟ	Pwi	퓌				
ㅎ+ㅟ	Hwi	휘				

09

자음+겹모음(ㅟ)

[ພະຍັນຊະນະ + ສະຫຼະປະສົມ (ㅟ)]

월   일

자음+겹모음(ㅟ) [ພະຍັນຊະນະ +ສະຫຼະປະສົມ (ㅟ)]

다음 자음+겹모음(ㅟ)을 쓰는 순서에 맞게 따라 쓰세요.

(ຈົ່ງຂຽນພະຍັນຊະນະ + ສະຫຼະປະສົມ (ㅟ) ຕໍ່ໄປນີ້ ຕາມລຳດັບການຂຽນທີ່ຖຶກຕ້ອງ.)

자음+겹모음(ㅟ)	영어 표기	쓰기					
ㄱ+ㅟ	Gwi	귀					
ㄴ+ㅟ	Nwi	늬					
ㄷ+ㅟ	Dwi	뒤					
ㄹ+ㅟ	Rwi	뤼					
ㅁ+ㅟ	Mwi	뮈					
ㅂ+ㅟ	Bwi	뷔					
ㅅ+ㅟ	Swi	쉬					
ㅇ+ㅟ	Wi	위					
ㅈ+ㅟ	Jwi	쥐					
ㅊ+ㅟ	Chwi	취					
ㅋ+ㅟ	Kwi	퀴					
ㅌ+ㅟ	Twi	튀					
ㅍ+ㅟ	Pwi	퓌					
ㅎ+ㅟ	Hwi	휘					

⑩ 받침 ㄱ(기역)이 있는 글자

[ຕົວອັກສອນທີ່ມີຕົວສະກົດ ' ㄱ' (ຄີຍ໊ອກ)]

받침 ㄱ(기역) [ຕົວສະກົດ ' ㄱ' (ຄີຍ໊ອກ)]

다음 받침 ㄱ(기역)이 들어간 글자를 쓰는 순서에 맞게 따라 쓰세요.

(ຈົ່ງຮຽນຕົວອັກສອນທີ່ມີຕົວສະກົດ ' ㄱ' (ຄີຍ໊ອກ) ຕໍ່ໄປນີ້ ຕາມລຳດັບການຂຽນທີ່ຖຶກຕ້ອງ.)

받침 ㄱ(기역)	영어 표기	쓰기					
가+ㄱ	Gak	각					
나+ㄱ	Nak	낙					
다+ㄱ	Dak	닥					
라+ㄱ	Rak	락					
마+ㄱ	Mak	막					
바+ㄱ	Bak	박					
사+ㄱ	Sak	삭					
아+ㄱ	Ak	악					
자+ㄱ	Jak	작					
차+ㄱ	Chak	착					
카+ㄱ	Kak	칵					
타+ㄱ	Tak	탁					
파+ㄱ	Pak	팍					
하+ㄱ	Hak	학					

11 받침 ㄴ(니은)이 있는 글자

[ຕົວອັກສອນທີ່ມີຕົວສະກົດ ‘ㄴ’ (ນີອຶນ)]

받침 ㄴ(니은) [ຕົວສະກົດ ‘ㄴ’ (ນີອຶນ)]

다음 받침 ㄴ(니은)이 들어간 글자를 쓰는 순서에 맞게 따라 쓰세요.

(ຈົ່ງຂຽນຕົວອັກສອນທີ່ມີຕົວສະກົດ ‘ㄴ’ (ນີອຶນ) ຕໍ່ໄປນີ້ ຕາມລຳດັບການຂຽນທີ່ຖຶກຕ້ອງ.)

받침 ㄴ(니은)	영어 표기	쓰기					
가+ㄴ	Gan	간					
나+ㄴ	Nan	난					
다+ㄴ	Dan	단					
라+ㄴ	Ran	란					
마+ㄴ	Man	만					
바+ㄴ	Ban	반					
사+ㄴ	San	산					
아+ㄴ	An	안					
자+ㄴ	Jan	잔					
차+ㄴ	Chan	찬					
카+ㄴ	Kan	칸					
타+ㄴ	Tan	탄					
파+ㄴ	Pan	판					
하+ㄴ	Han	한					

 12 받침 ㄷ(디귿)이 있는 글자
[ຕົວອັກສອນທີ່ມີຕົວສະກົດ 'ㄷ' (ກິກຶດ)]

월 일

받침 ㄷ(디귿) [ຕົວສະກົດ 'ㄷ'(ກິກຶດ)]

다음 받침 ㄷ(디귿)이 들어간 글자를 쓰는 순서에 맞게 따라 쓰세요.
(ຈົ່ງຂຽນຕົວອັກສອນທີ່ມີຕົວສະກົດ 'ㄷ'(ກິກຶດ) ຕໍ່ໄປນີ້ ຕາມລຳດັບການຂຽນທີ່ຖືກຕ້ອງ.)

받침 ㄷ(디귿)	영어 표기	쓰기					
가+ㄷ	Gat	갇					
나+ㄷ	Nat	낟					
다+ㄷ	Dat	닫					
라+ㄷ	Rat	랃					
마+ㄷ	Mat	맏					
바+ㄷ	Bat	받					
사+ㄷ	Sat	삳					
아+ㄷ	At	앋					
자+ㄷ	Jat	잗					
차+ㄷ	Chat	찯					
카+ㄷ	Kat	칻					
타+ㄷ	Tat	탇					
파+ㄷ	Pat	팓					
하+ㄷ	Hat	핟					

받침 ㄹ(리을) [ຕົວສະກົດ ‘ㄹ’(ລິຊິລ)]

다음 받침 ㄹ(리을)이 들어간 글자를 쓰는 순서에 맞게 따라 쓰세요.
(ຈົ່ງຂຽນຕົວອັກສອນທີ່ມີຕົວສະກົດ ‘ㄹ’(ລິຊິລ) ຕໍ່ໄປນີ້ ຕາມລຳດັບການຂຽນທີ່ຖືກຕ້ອງ.)

받침 ㄹ(리을)	영어 표기	쓰기						
가+ㄹ	Gal	갈						
나+ㄹ	Nal	날						
다+ㄹ	Dal	달						
라+ㄹ	Ral	랄						
마+ㄹ	Mal	말						
바+ㄹ	Bal	발						
사+ㄹ	Sal	살						
아+ㄹ	Al	알						
자+ㄹ	Jal	잘						
차+ㄹ	Chal	찰						
카+ㄹ	Kal	칼						
타+ㄹ	Tal	탈						
파+ㄹ	Pal	팔						
하+ㄹ	Hal	할						

받침 ㅁ(미음)이 있는 글자
[ຕົວອັກສອນທີ່ມີຕົວສະກົດ 'ㅁ' (ມີອົມ)]

받침 ㅁ(미음) [ຕົວສະກົດ 'ㅁ' (ມີອົມ)]

다음 받침 ㅁ(미음)이 들어간 글자를 쓰는 순서에 맞게 따라 쓰세요.
(ຈົ່ງຂຽນຕົວອັກສອນທີ່ມີຕົວສະກົດ 'ㅁ' (ມີອົມ) ຕໍ່ໄປນີ້ ຕາມລຳດັບການຂຽນທີ່ຖືກຕ້ອງ.)

받침 ㅁ(미음)	영어 표기	쓰기					
가+ㅁ	Gam	감					
나+ㅁ	Nam	남					
다+ㅁ	Dam	담					
라+ㅁ	Ram	람					
마+ㅁ	Mam	맘					
바+ㅁ	Bam	밤					
사+ㅁ	Sam	삼					
아+ㅁ	Am	암					
자+ㅁ	Jam	잠					
차+ㅁ	Cham	참					
카+ㅁ	Kam	캄					
타+ㅁ	Tam	탐					
파+ㅁ	Pam	팜					
하+ㅁ	Ham	함					

15 받침 ㅂ(비읍)이 있는 글자

[ຕົວອັກສອນທີ່ມີຕົວສະກົດ ‘ㅂ’ (ບີອຶບ)]

월   일

받침 ㅂ(비읍) [ຕົວສະກົດ ‘ㅂ’(ບີອຶບ)]

다음 받침 ㅂ(비읍)이 들어간 글자를 쓰는 순서에 맞게 따라 쓰세요.
(ຈົ່ງຂຽນຕົວອັກສອນທີ່ມີຕົວສະກົດ ‘ㅂ’ (ບີອຶບ) ຕໍ່ໄປນີ້ ຕາມລຳດັບການຂຽນທີ່ຖືກຕ້ອງ.)

받침 ㅂ(비읍)	영어 표기	쓰기					
가+ㅂ	Gap	갑					
나+ㅂ	Nap	납					
다+ㅂ	Dap	답					
라+ㅂ	Rap	랍					
마+ㅂ	Map	맙					
바+ㅂ	Bap	밥					
사+ㅂ	Sap	삽					
아+ㅂ	Ap	압					
자+ㅂ	Jap	잡					
차+ㅂ	Chap	찹					
카+ㅂ	Kap	캅					
타+ㅂ	Tap	탑					
파+ㅂ	Pap	팝					
하+ㅂ	Hap	합					

16 받침 ㅅ(시옷)이 있는 글자
[ຕົວອັກສອນທີ່ມີຕົວສະກົດ 'ㅅ' (ຊິອິດ)]

받침 ㅅ(시옷) [ຕົວສະກົດ 'ㅅ'(ຊິອິດ)]

다음 받침 ㅅ(시옷)이 들어간 글자를 쓰는 순서에 맞게 따라 쓰세요.
(ຈົ່ງຮຽນຕົວອັກສອນທີ່ມີຕົວສະກົດ 'ㅅ' (ຊິອິດ) ຕໍ່ໄປນີ້ ຕາມລຳດັບການຂຽນທີ່ຖືກຕ້ອງ.)

받침 ㅅ(시옷)	영어 표기	쓰기					
가+ㅅ	Gat	갓					
나+ㅅ	Nat	낫					
다+ㅅ	Dat	닷					
라+ㅅ	Rat	랏					
마+ㅅ	Mat	맛					
바+ㅅ	Bat	밧					
사+ㅅ	Sat	삿					
아+ㅅ	At	앗					
자+ㅅ	Jat	잣					
차+ㅅ	Chat	찻					
카+ㅅ	Kat	캇					
타+ㅅ	Tat	탓					
파+ㅅ	Pat	팟					
하+ㅅ	Hat	핫					

받침 ㅇ(이응) [ຕົວສະກົດ ‘ㅇ’(ອີອຶງ)]

다음 받침 ㅇ(이응)이 들어간 글자를 쓰는 순서에 맞게 따라 쓰세요.

(ຈົ່ງຂຽນຕົວອັກສອນທີ່ມີຕົວສະກົດ ‘ㅇ’(ອີອຶງ) ຕໍ່ໄປນີ້ ຕາມລຳດັບການຂຽນທີ່ຖຶກຕ້ອງ.)

받침 ㅇ(이응)	영어 표기	쓰기					
가+ㅇ	Gang	강					
나+ㅇ	Nang	낭					
다+ㅇ	Dang	당					
라+ㅇ	Rang	랑					
마+ㅇ	Mang	망					
바+ㅇ	Bang	방					
사+ㅇ	Sang	상					
아+ㅇ	Ang	앙					
자+ㅇ	Jang	장					
차+ㅇ	Chang	창					
카+ㅇ	Kang	캉					
타+ㅇ	Tang	탕					
파+ㅇ	Pang	팡					
하+ㅇ	Hang	항					

받침 ㅈ(지읒)이 있는 글자
[ຕົວອັກສອນທີ່ມີຕົວສະກົດ 'ㅈ' (ຈິຮຶດ)]

월   일

받침 ㅈ(지읒) [ຕົວສະກົດ 'ㅈ'(ຈິຮຶດ)]

다음 받침 ㅈ(지읒)이 들어간 글자를 쓰는 순서에 맞게 따라 쓰세요.
(ຈົ່ງຂຽນຕົວອັກສອນທີ່ມີຕົວສະກົດ 'ㅈ'(ຈິຮຶດ) ຕໍ່ໄປນີ້ ຕາມລຳດັບການຂຽນທີ່ຖືກຕ້ອງ.)

받침 ㅈ(지읒)	영어 표기	쓰기					
가+ㅈ	Gat	갖					
나+ㅈ	Nat	낮					
다+ㅈ	Dat	닺					
라+ㅈ	Rat	랒					
마+ㅈ	Mat	맞					
바+ㅈ	Bat	밪					
사+ㅈ	Sat	샂					
아+ㅈ	At	앚					
자+ㅈ	Jat	잦					
차+ㅈ	Chat	찾					
카+ㅈ	Kat	캊					
타+ㅈ	Tat	탖					
파+ㅈ	Pat	팢					
하+ㅈ	Hat	핮					

받침 ㅊ(치읓)이 있는 글자
[ຕົວອັກສອນທີ່ມີຕົວສະກົດ 'ㅊ' (ຊິ້ອຶດ)]

월　　　일

받침 ㅊ(치읓) [ຕົວສະກົດ 'ㅊ'(ຊິ້ອຶດ)]

다음 받침 ㅊ(치읓)이 들어간 글자를 쓰는 순서에 맞게 따라 쓰세요.
(ຈົ່ງຮຽນຕົວອັກສອນທີ່ມີຕົວສະກົດ 'ㅊ' (ຊິ້ອຶດ) ຕໍ່ໄປນີ້ ຕາມລຳດັບການຮຽນທີ່ຖືກຕ້ອງ.)

받침 ㅊ(치읓)	영어 표기	쓰기				
가+ㅊ	Gat	갖				
나+ㅊ	Nat	낮				
다+ㅊ	Dat	닺				
라+ㅊ	Rat	랓				
마+ㅊ	Mat	맞				
바+ㅊ	Bat	밫				
사+ㅊ	Sat	샂				
아+ㅊ	At	앚				
자+ㅊ	Jat	잦				
차+ㅊ	Chat	챷				
카+ㅊ	Kat	캋				
타+ㅊ	Tat	탖				
파+ㅊ	Pat	팢				
하+ㅊ	Hat	핮				

20 받침 ㅋ(키읔)이 있는 글자

[ຕົວອັກສອນທີ່ມີຕົວສະກົດ 'ㅋ' (ຄືຂຶກ)]

받침 ㅋ(키읔) [ຕົວສະກົດ 'ㅋ'(ຄືຂຶກ)]

다음 받침 ㅋ(키읔)이 들어간 글자를 쓰는 순서에 맞게 따라 쓰세요.

(ຈົ່ງຂຽນຕົວອັກສອນທີ່ມີຕົວສະກົດ 'ㅋ'(ຄືຂຶກ) ຕໍ່ໄປນີ້ ຕາມລຳດັບການຂຽນທີ່ຖືກຕ້ອງ.)

받침 ㅋ(키읔)	영어 표기	쓰기						
가+ㅋ	Gak	각						
나+ㅋ	Nak	낙						
다+ㅋ	Dak	닥						
라+ㅋ	Rak	락						
마+ㅋ	Mak	막						
바+ㅋ	Bak	박						
사+ㅋ	Sak	삭						
아+ㅋ	Ak	악						
자+ㅋ	Jak	작						
차+ㅋ	Chak	착						
카+ㅋ	Kak	칵						
타+ㅋ	Tak	탁						
파+ㅋ	Pak	팍						
하+ㅋ	Hak	학						

받침 ㅌ(티읕) [ຕົວສະກົດ 'ㅌ' (ທີຊິດ)]

다음 받침 ㅌ(티읕)이 들어간 글자를 쓰는 순서에 맞게 따라 쓰세요.

(ຈົ່ງຮຽນຕົວອັກສອນທີ່ມີຕົວສະກົດ 'ㅌ'(ທີຊິດ) ຕໍ່ໄປນີ້ ຕາມລຳດັບການຮຽນທີ່ຖືກຕ້ອງ.)

받침 ㅌ(티읕)	영어 표기	쓰기						
가+ㅌ	Gat	같						
나+ㅌ	Nat	낱						
다+ㅌ	Dat	닽						
라+ㅌ	Rat	랄						
마+ㅌ	Mat	맡						
바+ㅌ	Bat	밭						
사+ㅌ	Sat	샅						
아+ㅌ	At	앝						
자+ㅌ	Jat	잩						
차+ㅌ	Chat	챁						
카+ㅌ	Kat	캍						
타+ㅌ	Tat	턑						
파+ㅌ	Pat	팥						
하+ㅌ	Hat	핱						

받침 ㅍ(피읖) [ຕົວສະກົດ 'ㅍ'(ພີອຶບ)]

다음 받침 ㅍ(피읖)이 들어간 글자를 쓰는 순서에 맞게 따라 쓰세요.
(ຈົ່ງຂຽນຕົວອັກສອນທີ່ມີຕົວສະກົດ 'ㅍ'(ພີອຶບ) ຕໍ່ໄປນີ້ ຕາມລຳດັບການຂຽນທີ່ຖືກຕ້ອງ.)

받침 ㅍ(피읖)	영어 표기	쓰기					
가+ㅍ	Gap	갚					
나+ㅍ	Nap	낲					
다+ㅍ	Dap	닾					
라+ㅍ	Rap	랖					
마+ㅍ	Map	맢					
바+ㅍ	Bap	밯					
사+ㅍ	Sap	샆					
아+ㅍ	Ap	앞					
자+ㅍ	Jap	잪					
차+ㅍ	Chap	챂					
카+ㅍ	Kap	캎					
타+ㅍ	Tap	탚					
파+ㅍ	Pap	팦					
하+ㅍ	Hap	핲					

받침 ㅎ(히읗) [ຕົວສະກົດ 'ㅎ'(ຮື້ຮຶກ)]

다음 받침 ㅎ(히읗)이 들어간 글자를 쓰는 순서에 맞게 따라 쓰세요.
(ຈົ່ງຂຽນຕົວອັກສອນທີ່ມີຕົວສະກົດ 'ㅎ'(ຮື້ຮຶກ) ຕໍ່ໄປນີ້ ຕາມລຳດັບການຂຽນທີ່ຖືກຕ້ອງ.)

받침 ㅎ(히읗)	영어 표기	쓰기					
가+ㅎ	Gat	갛					
나+ㅎ	Nat	낳					
다+ㅎ	Dat	닿					
라+ㅎ	Rat	랗					
마+ㅎ	Mat	맣					
바+ㅎ	Bat	밯					
사+ㅎ	Sat	샇					
아+ㅎ	At	앟					
자+ㅎ	Jat	잫					
차+ㅎ	Chat	챃					
카+ㅎ	Kat	캏					
타+ㅎ	Tat	탛					
파+ㅎ	Pat	팧					
하+ㅎ	Hat	핳					

제6장

주제별 낱말

ບົດທີ 6
ຄຳສັບໃນແຕ່ລະຫົວຂໍ້

과일 [ໝາກໄມ້]

월   일

■ 다음을 쓰는 순서에 맞게 따라 쓰세요.
(ຈົ່ງຂຽນຄຳສັບຕໍ່ໄປນີ້ ຕາມລຳດັບການຂຽນທີ່ຖືກຕ້ອງ.)

사	과				
배					
바	나	나			
딸	기				
토	마	토			

사과 ໝາກແອັບເປິ້ນ

배 ໝາກສາລິ

바나나 ໝາກກ້ວຍ

딸기 ໝາກສະຕໍເບີຣິ

토마토 ໝາກເລັ່ນ

01 과일 [ໝາກໄມ້]

월　일

■ 다음을 쓰는 순서에 맞게 따라 쓰세요.
(ຈົ່ງຂຽນຄຳສັບຕໍ່ໄປນີ້ ຕາມລຳດັບການຂຽນທີ່ຖືກຕ້ອງ.)

수박 ໝາກໂມ

수	박					

복숭아 ໝາກຄາຍ

복	숭	아				

오렌지 ໝາກກ້ຽງໃຫຍ່

오	렌	지				

귤 ໝາກກ້ຽງນ້ອຍ

귤						

키위 ໝາກກີວີ

키	위					

01

과일 [ໝາກໄມ້]

월   일

■ 다음을 쓰는 순서에 맞게 따라 쓰세요.
(ຈົ່ງຂຽນຄຳສັບຕໍ່ໄປນີ້ ຕາມລຳດັບການຂຽນທີ່ຖືກຕ້ອງ.)

참외 ໝາກແຕງ

참 외

파인애플 ໝາກນັດ

파 인 애 플

레몬 ໝາກນາວເຫຼືອງ

레 몬

감 ໝາກພັບ

감

포도 ໝາກອງຸ່ນ

포 도

02 동물 [ສັດ]

■ 다음을 쓰는 순서에 맞게 따라 쓰세요.
(ຈົ່ງຂຽນຄຳສັບຕໍ່ໄປນີ້ ຕາມລຳດັບການຂຽນທີ່ຖືກຕ້ອງ.)

타	조					

타조 ນົກກະຈອກເທດ

호	랑	이				

호랑이 ເສືອ

사	슴					

사슴 ກວາງ

고	양	이				

고양이 ແມວ

여	우					

여우 ໝາຈອກ

동물 [ສັດ]

월   일

■ 다음을 쓰는 순서에 맞게 따라 쓰세요.
(ຈົ່ງຂຽນຄຳສັບຕໍ່ໄປນີ້ ຕາມລຳດັບການຂຽນທີ່ຖືກຕ້ອງ.)

사	자				

사자 ສິງ

코	끼	리			

코끼리 ຊ້າງ

돼	지				

돼지 ໝູ

강	아	지			

강아지 ໝາ

토	끼				

토끼 ກະຕ່າຍ

동물 [ສັດ]

■ 다음을 쓰는 순서에 맞게 따라 쓰세요.
(ຈົ່ງຂຽນຄຳສັບຕໍ່ໄປນີ້ ຕາມລຳດັບການຂຽນທີ່ຖືກຕ້ອງ.)

기린 ยิราบ	기	린					
곰 ໝີ	곰						
원숭이 ລິງ	원	숭	이				
너구리 ແຮັກຄູນ	너	구	리				
거북이 ເຕົ່າ	거	북	이				

채소 [ຜັກ]

월 일

■ 다음을 쓰는 순서에 맞게 따라 쓰세요.
(ຈົ່ງຂຽນຄຳສັບຕໍ່ໄປນີ້ ຕາມລຳດັບການຂຽນທີ່ຖືກຕ້ອງ.)

배추					
당근					
마늘					
시금치					
미나리					

배추 ຜັກກາດຂາວ

당근 ແຄຣອດ

마늘 ຫົວກະທຽມ

시금치 ຜັກທົມ

미나리 ຜັກຂະຍອກ

채 소 [ຜັກ]

■ 다음을 쓰는 순서에 맞게 따라 쓰세요.
(ຈົ່ງຮຽນຄຳສັບຕໍ່ໄປນີ້ ຕາມລຳດັບການຮຽນທີ່ຖືກຕ້ອງ.)

무						

무 ຫົວໄຊເທ້າ

상	추					

상추 ຜັກສະຫຼັດ

양	파					

양파 ຫົວຜັກບົ່ວ

부	추					

부추 ກຸ່ຍສ່າຍ

감	자					

감자 ມັນຝຣັ່ງ

03

채 소 [ຜັກ]

월   일

■ 다음을 쓰는 순서에 맞게 따라 쓰세요.
(ຈົ່ງຮຽນຄຳສັບຕໍ່ໄປນີ້ ຕາມລຳດັບການຂຽນທີ່ຖືກຕ້ອງ.)

오	이					
파						
가	지					
고	추					
양	배	추				

오이 ໝາກແຕງ

파 ຫອມບົ່ວໃບ

가지 ໝາກເຂືອ

고추 ໝາກເຜັດ

양배추 ຜັກກະລຳປີ

04 직업 [ອາຊີບ]

■ 다음을 쓰는 순서에 맞게 따라 쓰세요.
(ຈົ່ງຮຽນຄຳສັບຕໍ່ໄປນີ້ ຕາມລຳດັບການຂຽນທີ່ຖືກຕ້ອງ.)

경	찰	관				
소	방	관				
요	리	사				
환	경	미	화	원		
화	가					

경찰관 ຕຳຫຼວດ

소방관 ນັກດັບເພີງ

요리사 ພໍ່ຄົວ / ແມ່ຄົວ

환경미화원
ພະນັກງານອະນາໄມ

화가 ນັກແຕ້ມ

직업 [ອາຊີບ]

월   일

■ 다음을 쓰는 순서에 맞게 따라 쓰세요.
(ຈົ່ງຂຽນຄຳສັບຕໍ່ໄປນີ້ ຕາມລຳດັບການຂຽນທີ່ຖືກຕ້ອງ.)

간	호	사				
회	사	원				
미	용	사				
가	수					
소	설	가				

간호사 ພະຍາບານ

회사원 ພະນັກງານບໍລິສັດ

미용사
ຊ່າງຕັດຜົມ / ຊ່າງເສີມສວຍ

가수 ນັກຮ້ອງ

소설가 ນັກປະພັນ

직업 [ອາຊີບ]

월 일

■ 다음을 쓰는 순서에 맞게 따라 쓰세요.
(ຈົ່ງຂຽນຄຳສັບຕໍ່ໄປນີ້ ຕາມລຳດັບການຂຽນທີ່ຖືກຕ້ອງ.)

의	사					
선	생	님				
주	부					
운	동	선	수			
우	편	집	배	원		

의사 ໝໍ

선생님 ອາຈານ

주부 ແມ່ບ້ານ

운동선수 ນັກກິລາ

우편집배원
ພະນັກງານໄປສະນີ

음식 [ອາຫານ]

월   일

■ 다음을 쓰는 순서에 맞게 따라 쓰세요.
(ຈົ່ງຂຽນຄຳສັບຕໍ່ໄປນີ້ ຕາມລຳດັບການຂຽນທີ່ຖືກຕ້ອງ.)

김	치	찌	개			
미	역	국				
김	치	볶	음	밥		
돈	가	스				
국	수					

김치찌개 ແກງກິມຈິ

미역국 ແກງສາຫຼ່າຍທະເລ

김치볶음밥 ເຂົ້າຜັດກິມຈິ

돈가스 ທຸນກາສື

국수 ເຂົ້າປຽກ

음식 [ອາຫານ]

■ 다음을 쓰는 순서에 맞게 따라 쓰세요.
(ຈົ່ງຂຽນຄຳສັບຕໍ່ໄປນີ້ ຕາມລຳດັບການຂຽນທີ່ຖືກຕ້ອງ.)

된	장	찌	개			
불	고	기				
밥						

떡 ຕ່ອກ

음식 [ອາຫານ]

월　　　일

■ 다음을 쓰는 순서에 맞게 따라 쓰세요.
(ຈົ່ງຂຽນຄຳສັບຕໍ່ໄປນີ້ ຕາມລຳດັບການຂຽນທີ່ຖືກຕ້ອງ.)

순	두	부	찌	개		

순두부찌개 ແກງເຕົ້າຫູ້

비	빔	밥				

비빔밥 ບິບິມບັບ

만	두					

만두 ກ້ຽວ

피	자					

피자 ພິຊາ

케	이	크				

케이크 ເຄ້ກ

위치 [ທີ່ຕັ້ງ]

■ 다음을 쓰는 순서에 맞게 따라 쓰세요.
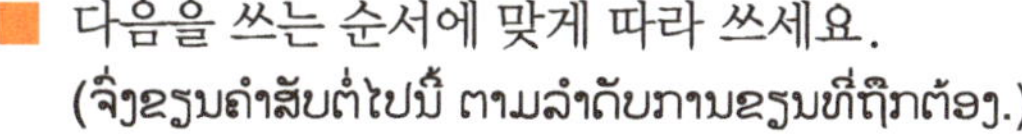
(ຈົ່ງຂຽນຄຳສັບຕໍ່ໄປນີ້ ຕາມລຳດັບການຂຽນທີ່ຖືກຕ້ອງ.)

앞							
뒤							
위							
아	래						
오	른	쪽					

앞 ໜ້າ

뒤 ຫຼັງ

위 ເທິງ

아래 ລຸ່ມ

오른쪽 ເບື້ອງຂວາ

위치 [ທີ່ຕັ້ງ]

■ 다음을 쓰는 순서에 맞게 따라 쓰세요.
(ຈົ່ງຂຽນຄຳສັບຕໍ່ໄປນີ້ ຕາມລຳດັບການຂຽນທີ່ຖືກຕ້ອງ.)

왼	쪽					
옆						
안						
밖						
밑						

왼쪽 ເບື້ອງຊ້າຍ

옆 ທາງຂ້າງ

안 ໃນ

밖 ນອກ

밑 ທາງລຸ່ມ

■ 다음을 쓰는 순서에 맞게 따라 쓰세요.
(ຈົ່ງຮຽນຄຳສັບຕໍ່ໄປນີ້ ຕາມລຳດັບການຂຽນທີ່ຖືກຕ້ອງ.)

사이 ລະຫວ່າງ

사	이						

동쪽 ທິດຕາເວັນອອກ

동	쪽						

서쪽 ທິດຕາເວັນຕົກ

서	쪽						

남쪽 ທິດໃຕ້

남	쪽						

북쪽 ທິດເໜືອ

북	쪽						

탈것 [ພາຫະນະ]

■ 다음을 쓰는 순서에 맞게 따라 쓰세요.
(ຈົ່ງຂຽນຄຳສັບຕໍ່ໄປນີ້ ຕາມລຳດັບການຂຽນທີ່ຖືກຕ້ອງ.)

버	스				

버스 ລົດເມ

비	행	기			

비행기 ຍົນ

배					

배 ເຮືອ

오	토	바	이		

오토바이 ລົດຈັກ

소	방	차			

소방차 ລົດດັບເພີງ

탈것 [ພາຫະນະ]

■ 다음을 쓰는 순서에 맞게 따라 쓰세요.
(ຈົ່ງຮຽນຄຳສັບຕໍ່ໄປນີ້ ຕາມລຳດັບການຂຽນທີ່ຖືກຕ້ອງ.)

자	동	차				
지	하	철				
기	차					
헬	리	콥	터			
포	클	레	인			

자동차 ລົດໃຫຍ່

지하철 ລົດໄຟໃຕ້ດິນ

기차 ລົດໄຟ

헬리콥터 ເຮລິຄອບເຕີ

포클레인 ລົດຕັກດິນ

07 탈것 [ພາຫະນະ]

■ 다음을 쓰는 순서에 맞게 따라 쓰세요.
(ຈົ່ງຮຽນຄຳສັບຕໍ່ໄປນີ້ ຕາມລຳດັບການຂຽນທີ່ຖືກຕ້ອງ.)

택 시					
자 전 거					
트 럭					
구 급 차					
기 구					

택시 ລົດແທັກຊີ

자전거 ລົດຖີບ

트럭 ລົດບັນທຸກ

구급차 ລົດສຸກເສີນ

기구 ບອນລູມ

장 소 [ສະຖານທີ່]

월   일

■ 다음을 쓰는 순서에 맞게 따라 쓰세요.
(ຈົ່ງຂຽນຄຳສັບຕໍ່ໄປນີ້ ຕາມລຳດັບການຂຽນທີ່ຖືກຕ້ອງ.)

집						
학	교					
백	화	점				
우	체	국				
약	국					

집 ເຮືອນ

학교 ໂຮງຮຽນ

백화점 ຫ້າງສັບພະສິນຄ້າ

우체국 ໄປສະນີ

약국 ຮ້ານຂາຍຢາ

장소 [ສະຖານທີ່]

월   일

■ 다음을 쓰는 순서에 맞게 따라 쓰세요.
  (ຈົ່ງຂຽນຄຳສັບຕໍ່ໄປນີ້ ຕາມລຳດັບການຂຽນທີ່ຖືກຕ້ອງ.)

시	장						
식	당						
슈	퍼	마	켓				
서	점						
공	원						

시장 ຕະຫຼາດ

식당 ຮ້ານອາຫານ

슈퍼마켓 ຊຸບເປີມາເກັດ

서점 ຮ້ານຂາຍປຶ້ມ

공원 ສວນສາທາລະນະ

장소 [ສະຖານທີ່]

■ 다음을 쓰는 순서에 맞게 따라 쓰세요.
(ຈົ່ງຂຽນຄຳສັບຕໍ່ໄປນີ້ ຕາມລຳດັບການຂຽນທີ່ຖືກຕ້ອງ.)

은	행						
병	원						
문	구	점					
미	용	실					
극	장						

은행 ທະນາຄານ

병원 ໂຮງໝໍ

문구점
ຮ້ານຂາຍຍຸປະກອນການຮຽນ

미용실 ຮ້ານຕັດຜົມ

극장 ໂຮງໜັງ

계절, 날씨 [ລະດູການ, ອາກາດ]

월   일

■ 다음을 쓰는 순서에 맞게 따라 쓰세요.
(ຈົ່ງຂຽນຄຳສັບຕໍ່ໄປນີ້ ຕາມລຳດັບການຂຽນທີ່ຖືກຕ້ອງ.)

봄					

봄 ລະດູໃບໄມ້ປົ່ງ

여	름				

여름 ລະດູຮ້ອນ

가	을				

가을 ລະດູໃບໄມ້ຫຼົ່ນ

겨	울				

겨울 ລະດູໜາວ

맑	다				

맑다 ແຈ້ງ

계절, 날씨 [ລະດູການ, ອາກາດ]

월　일

■ 다음을 쓰는 순서에 맞게 따라 쓰세요.
(ຈົ່ງຂຽນຄຳສັບຕໍ່ໄປນີ້ ຕາມລຳດັບການຂຽນທີ່ຖືກຕ້ອງ.)

흐리다 ມົດຄຶ້ມ	흐 리 다	
바람이 분다 ລົມພັດ	바 람 이 　 분 다	
비가 온다 ຝົນຕົກ	비 가 　 온 다	
비가 그친다 ຝົນເຊົາ	비 가 　 그 친 다	
눈이 온다 ຫິມະຕົກ	눈 이 　 온 다	

계절, 날씨 [ລະດູການ, ອາກາດ]

월　일

■ 다음을 쓰는 순서에 맞게 따라 쓰세요.
(ຈົ່ງຂຽນຄຳສັບຕໍ່ໄປນີ້ ຕາມລຳດັບການຂຽນທີ່ຖືກຕ້ອງ.)

구	름	이		낀	다

구름이 낀다 ມີເມກ

덥	다				

덥다 ຮ້ອນ

춥	다				

춥다 ໜາວ

따	뜻	하	다		

따뜻하다 ອົບອຸ່ນ

시	원	하	다		

시원하다 ເຢັນ

집 안의 사물 [ສິ່ງຂອງພາຍໃນເຮືອນ]

월 일

■ 다음을 쓰는 순서에 맞게 따라 쓰세요.
(ຈົ່ງຮຽນຄຳສັບຕໍ່ໄປນີ້ ຕາມລຳດັບການຮຽນທີ່ຖືກຕ້ອງ.)

소파 ໂຊຟາ

소	파					

욕조 ອ່າງອາບນ້ຳ

욕	조					

거울 ແວ່ນ

거	울					

샤워기 ຝັກບົວ

샤	워	기				

변기 ໂຖສ້ວມ

변	기					

집 안의 사물 [ສິ່ງຂອງພາຍໃນເຮືອນ]

월   일

■ 다음을 쓰는 순서에 맞게 따라 쓰세요.
(ຈົ່ງຂຽນຄຳສັບຕໍ່ໄປນີ້ ຕາມລຳດັບການຂຽນທີ່ຖືກຕ້ອງ.)

싱	크	대				
부	엌					
거	실					
안	방					
옷	장					

싱크대 ອ່າງລ້າງຖ້ວຍ

부엌 ເຮືອນຄົວ

거실 ຫ້ອງຮັບແຂກ

안방 ຫ້ອງນອນໃຫຍ່

옷장 ຕູ້ເສື້ອຜ້າ

집 안의 사물 [ສິ່ງຂອງພາຍໃນເຮືອນ]

■ 다음을 쓰는 순서에 맞게 따라 쓰세요.
(ຈົ່ງຂຽນຄຳສັບຕໍ່ໄປນີ້ ຕາມລຳດັບການຂຽນທີ່ຖືກຕ້ອງ.)

화	장	대					
식	탁						
책	장						
작	은	방					
침	대						

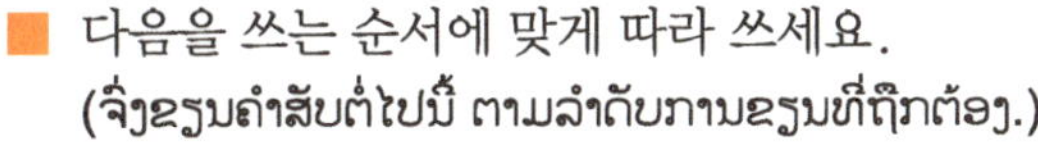

화장대 ໂຕະແຕ່ງໜ້າ

식탁 ໂຕະອາຫານ

책장 ຊັ້ນວາງປຶ້ມ

작은방 ຫ້ອງນອນນ້ອຍ

침대 ຕຽງນອນ

가족 명칭 [ລຳເອິ້ນຄົນໃນຄອບຄົວ]

월   일

■ 다음을 쓰는 순서에 맞게 따라 쓰세요.
(ຈົ່ງຂຽນຄຳສັບຕໍ່ໄປນີ້ ຕາມລຳດັບການຂຽນທີ່ຖຶກຕ້ອງ.)

할	머	니				
할	아	버	지			
아	버	지				
어	머	니				
오	빠					

할머니 ແມ່ເຖົ້າ

할아버지 ພໍ່ເຖົ້າ

아버지 ພໍ່

어머니 ແມ່

오빠 ອ້າຍ (ຜູ້ຍິງເອີ້ນ)

가족 명칭 [ຄຳເອີ້ນຄົນໃນຄອບຄົວ]

■ 다음을 쓰는 순서에 맞게 따라 쓰세요.
(ຈົ່ງຂຽນຄຳສັບຕໍ່ໄປນີ້ ຕາມລຳດັບການຂຽນທີ່ຖືກຕ້ອງ.)

형							

형 ອ້າຍ (ຜູ້ຊາຍເອື້ນ)

나							

나 ຂ້ອຍ

남	동	생					

남동생 ນ້ອງຊາຍ

여	동	생					

여동생 ນ້ອງສາວ

언	니						

언니 ເອື້ອຍ(ຜູ້ຍິງເອື້ນ)

가족 명칭 [ຄຳເອີ້ນຄົນໃນຄອບຄົວ]

월   일

■ 다음을 쓰는 순서에 맞게 따라 쓰세요.
(ຈົ່ງຮຽນຄຳສັບຕໍ່ໄປນີ້ ຕາມລຳດັບການຮຽນທີ່ຖືກຕ້ອງ.)

누	나					

누나 ເອື້ອຍ(ຜູ້ຊາຍເອີ້ນ)

삼	촌					

삼촌 ລຸງ

고	모					

고모 ປ້າ

이	모					

이모 ນ້າສາວ

이	모	부				

이모부 ລຸງເຂີຍ

학용품 [ອຸປະກອນການຮຽນ]

월 일

■ 다음을 쓰는 순서에 맞게 따라 쓰세요.
(ຈົ່ງຂຽນຄຳສັບຕໍ່ໄປນີ້ ຕາມລຳດັບການຂຽນທີ່ຖືກຕ້ອງ.)

공책 ປຶ້ມຂຽນ

공	책					

스케치북 ປຶ້ມແຕ້ມຮູບ

스	케	치	북			

색연필 ສໍສີ

색	연	필				

가위 ມີດຕັດ

가	위					

풀 ກາວ

풀						

학용품 [ອຸປະກອນການຮຽນ]

월   일

■ 다음을 쓰는 순서에 맞게 따라 쓰세요.
  (ຈົ່ງຂຽນຄຳສັບຕໍ່ໄປນີ້ ຕາມລຳດັບການຮຽນທີ່ຖືກຕ້ອງ.)

일	기	장					
연	필						
칼							
물	감						
자							

일기장 ປຶ້ມບັນທຶກປະຈຳວັນ

연필 ສໍ

칼 ມີດ

물감 ສີນ້ຳ

자 ໄມ້ບັນທັດ

학용품 [ອຸປະກອນການຮຽນ]

월 일

■ 다음을 쓰는 순서에 맞게 따라 쓰세요.
(ຈົ່ງຮຽນຄຳສັບຕໍ່ໄປນີ້ ຕາມລຳດັບການຮຽນທີ່ຖືກຕ້ອງ.)

색	종	이				
사	인	펜				
크	레	파	스			
붓						
지	우	개				

색종이 ເຈ້ຍສີ

사인펜 ປາກກາສີ

크레파스 ສີລະບາຍ

붓 ແປງແຕ້ມ

지우개 ຢາງລົບ

꽃 [ດອກໄມ້]

■ 다음을 쓰는 순서에 맞게 따라 쓰세요.
(ຈົ່ງຽຽນຄຳສັບຕໍ່ໄປນີ້ ຕາມລຳດັບການຽຽນທີ່ຖືກຕ້ອງ.)

장미 ດອກກຸຫຼາບ	장 미
진달래 ດອກຈິນດາແລ	진 달 래
민들레 ດອກແດນດີໄລຍອນ	민 들 레
나팔꽃 ດອກນາປາລ	나 팔 꽃
맨드라미 ດອກຫງອນໄກ່	맨 드 라 미

13

꽃 [ດອກໄມ້]

■ 다음을 쓰는 순서에 맞게 따라 쓰세요.
  (จົ່ງຮຽນຄຳສັບຕໍ່ໄປນີ້ ຕາມລຳດັບການຂຽນທີ່ຖືກຕ້ອງ.)

개	나	리				
벚	꽃					
채	송	화				
국	화					
무	궁	화				

개나리 ດອກແກມບມາລິ

벚꽃 ດອກຊາກຸລະ

채송화 ດອກແຊຊົ່ງຮວາ

국화 ດອກເກັກຮວຍ

무궁화 ດອກມຸກຟງຮວາ

꽃 [ດອກໄມ້]

■ 다음을 쓰는 순서에 맞게 따라 쓰세요.
(ຈົ່ງຮຽນຄຳສັບຕໍ່ໄປນີ້ ຕາມລຳດັບການຂຽນທີ່ຖືກຕ້ອງ.)

튤	립					

튤립 ດອກທິວລິບ

봉	숭	아				

봉숭아 ດອກຄາຍ

해	바	라	기			

해바라기 ດອກທານຕາເວັນ

카	네	이	션			

카네이션 ດອກຄາເນຊັນ

코	스	모	스			

코스모스 ດອກຄອສໂມສ

14 나라 이름 [ຊື່ປະເທດ]

월　일

■ 다음을 쓰는 순서에 맞게 따라 쓰세요.
(ຈົ່ງຮຽນຄຳສັບຕໍ່ໄປນີ້ ຕາມລຳດັບການຮຽນທີ່ຖືກຕ້ອງ.)

한국						

한국 ເກົາຫຼີ

| 필리핀 | | | | | | |

필리핀 ຟີລິບປິນ

| 일본 | | | | | | |

일본 ຍີ່ປຸ່ນ

| 캄보디아 | | | | | | |

캄보디아 ກຳປູເຈຍ

| 아프가니스탄 | | | | | | |

아프가니스탄
ອັຟການິສຖານ

나라 이름 [ຊື່ປະເທດ]

월 　 일

■ 다음을 쓰는 순서에 맞게 따라 쓰세요.
(ຈົ່ງຂຽນຄຳສັບຕໍ່ໄປນີ້ ຕາມລຳດັບການຂຽນທີ່ຖືກຕ້ອງ.)

중	국				
태	국				
베	트	남			
인	도				
영	국				

중국 ຈີນ

태국 ໄທ

베트남 ຫວຽດນາມ

인도 ອິນເດຍ

영국 ອັງກິດ

나라 이름 [ຊື່ປະເທດ]

월   일

■ 다음을 쓰는 순서에 맞게 따라 쓰세요.
(ຈົ່ງຂຽນຄຳສັບຕໍ່ໄປນີ້ ຕາມລຳດັບການຂຽນທີ່ຖືກຕ້ອງ.)

미	국					
몽	골					
우	즈	베	키	스	탄	
러	시	아				
캐	나	다				

미국 ອາເມຣິກາ

몽골 ມົງໂກລິ

우즈베키스탄 ອຸດເບກິດສະຖານ

러시아 ຣັດເຊຍ

캐나다 ການາດາ

악기 [ເຄື່ອງດົນຕີ]

■ 다음을 쓰는 순서에 맞게 따라 쓰세요.
(ຈົ່ງຂຽນຄຳສັບຕໍ່ໄປນີ້ ຕາມລຳດັບການຂຽນທີ່ຖືກຕ້ອງ.)

기 타					
북					
트 라 이 앵 글					
하 모 니 카					
징					

기타 ກີຕ້າ

북 ກອງ

트라이앵글
ເຄື່ອງດົນຕີສາມຫຼ່ຽມ

하모니카 ຮາໂມນິກ້າ

징 ຄ້ອງ

악기 [ເຄື່ອງດົນຕີ]

■ 다음을 쓰는 순서에 맞게 따라 쓰세요.
(ຈົ່ງຂຽນຄຳສັບຕໍ່ໄປນີ້ ຕາມລຳດັບການຂຽນທີ່ຖືກຕ້ອງ.)

피	아	노					

피아노 ເປຍໂນ

탬	버	린					

탬버린 ແທມເບີຣິນ

나	팔						

나팔 ແກ

장	구						

장구 ຈັງກຼ

소	고						

소고 ໂສໂກ

악기 [ເຄື່ອງດິນຕີ]

월 일

■ 다음을 쓰는 순서에 맞게 따라 쓰세요.
(ຈົ່ງຂຽນຄຳສັບຕໍ່ໄປນີ້ ຕາມລຳດັບການຂຽນທີ່ຖືກຕ້ອງ.)

피	리			
실	로	폰		
바	이	올	린	
쨍	과	리		
가	야	금		

피리 ປີ່

실로폰 ໄຊໂລໂຟນ

바이올린 ໄວໂອລິນ

쨍과리 ແກງຄວາລີ

가야금 ກາຍະກຶມ

옷 [ເຄື່ອງນຸ່ງ]

월   일

■ 다음을 쓰는 순서에 맞게 따라 쓰세요.
(ຈົ່ງຂຽນຄຳສັບຕໍ່ໄປນີ້ ຕາມລຳດັບການຂຽນທີ່ຖືກຕ້ອງ.)

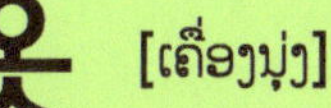

티	셔	츠					

티셔츠 ເສື້ອຍືດ

바	지						

바지 ໂສ້ງ

점	퍼						

점퍼 ເສື້ອຄຸມ

정	장						

정장 ຊຸດສາກົນ

와	이	셔	츠				

와이셔츠 ເສື້ອເຊີ້ດ

옷 [ເຄື່ອງນຸ່ງ]

월 일

■ 다음을 쓰는 순서에 맞게 따라 쓰세요.
(ຈົ່ງຂຽນຄຳສັບຕໍ່ໄປນີ້ ຕາມລຳດັບການຂຽນທີ່ຖືກຕ້ອງ.)

반	바	지			
코	트				
교	복				
블	라	우	스		
청	바	지			

반바지 ໂສ້ງຂາສັ້ນ

코트 ໂຄດ

교복 ຊຸດນັກຮຽນ

블라우스 ເສື້ອບາວ

청바지 ໂສ້ງຍິນ

16

옷 [ເຄື່ອງນຸ່ງ]

월   일

■ 다음을 쓰는 순서에 맞게 따라 쓰세요.
(ຈົ່ງຂຽນຄຳສັບຕໍ່ໄປນີ້ ຕາມລຳດັບການຂຽນທີ່ຖືກຕ້ອງ.)

양	복						
작	업	복					
스	웨	터					
치	마						
한	복						

양복 ຊຸດສາກົນ

작업복 ຊຸດເຮັດວຽກ

스웨터 ເສື້ອສະແວດເຕີ

치마 ກະໂປ່ງ

한복 ຮັນບົກ

색깔 [ສີ]

월 일

■ 다음을 쓰는 순서에 맞게 따라 쓰세요.
(ຈົ່ງຂຽນຄຳສັບຕໍ່ໄປນີ້ ຕາມລຳດັບການຂຽນທີ່ຖືກຕ້ອງ.)

빨	간	색				
주	황	색				
초	록	색				
노	란	색				
파	란	색				

빨간색 ສີແດງ

주황색 ສີສົ້ມ

초록색 ສີຂຽວ

노란색 ສີເຫຼືອງ

파란색 ສີຟ້າ

17

색깔 [ສີ]

■ 다음을 쓰는 순서에 맞게 따라 쓰세요.
(ຈົ່ງຮຽນຄຳສັບຕໍ່ໄປນີ້ ຕາມລຳດັບການຮຽນທີ່ຖືກຕ້ອງ.)

보	라	색					
분	홍	색					
하	늘	색					
갈	색						
검	은	색					

보라색 ສີມ່ວງ

분홍색 ສີບົວ

하늘색 ສີຟ້າອ່ອນ

갈색 ສີນ້ຳຕານ

검은색 ສີດຳ

18 취미 [ກິດຈະກຳໃນເວລາຫວ່າງ]

월   일

■ 다음을 쓰는 순서에 맞게 따라 쓰세요.
(ຈົ່ງຮຽນຄຳສັບຕໍ່ໄປນີ້ ຕາມລຳດັບການຂຽນທີ່ຖືກຕ້ອງ.)

요	리				
노	래				
등	산				
영	화	감	상		
낚	시				

요리 ການແຕ່ງກິນ

노래 ການຮ້ອງເພງ

등산 ການປີນພູ

영화감상 ການເບິ່ງໜັງ

낚시 ການຕຶກປາ

취 미 [ກິດຈະກໍາໃນເວລາຫວ່າງ]

■ 다음을 쓰는 순서에 맞게 따라 쓰세요.
(ຈົ່ງຮຽນຄໍາສັບຕໍ່ໄປນີ້ ຕາມລໍາດັບການຮຽນທີ່ຖືກຕ້ອງ.)

음	악	감	상				

음악감상 ການຟັງເພງ

게	임						

게임 ການຫຼິ້ນເກມ

드	라	이	브				

드라이브 ການຂັບລົດຫຼິ້ນ

여	행						

여행 ການທ່ອງທ່ຽວ

독	서						

독서 ການອ່ານປຶ້ມ

18

취미 [ກິດຈະກຳໃນເວລາຫວ່າງ]

월   일

■ 다음을 쓰는 순서에 맞게 따라 쓰세요.
(ຈົ່ງຂຽນຄຳສັບຕໍ່ໄປນີ້ ຕາມລຳດັບການຂຽນທີ່ຖືກຕ້ອງ.)

쇼	핑

쇼핑 ການຊື້ເຄື່ອງ

운	동

운동 ການອອກກຳລັງກາຍ

수	영

수영 ການລອຍນ້ຳ

사	진	촬	영

사진촬영 ການຖ່າຍຮູບ

악	기	연	주

악기연주
ການຫຼິ້ນເຄື່ອງດົນຕີ

운동 [ກິລາ]

월   일

■ 다음을 쓰는 순서에 맞게 따라 쓰세요.
(ຈົ່ງຮຽນຄຳສັບຕໍ່ໄປນີ້ ຕາມລຳດັບການຂຽນທີ່ຖືກຕ້ອງ.)

야	구						
배	구						
축	구						
탁	구						
농	구						

야구 ເບສບອນ

배구 ບານສົ່ງ

축구 ບານເຕະ

탁구 ປິງປ່ອງ

농구 ບານບ້ວງ

운동 [ກິລາ]

■ 다음을 쓰는 순서에 맞게 따라 쓰세요.
　(ຈົ່ງຂຽນຄຳສັບຕໍ່ໄປນີ້ ຕາມລຳດັບການຂຽນທີ່ຖືກຕ້ອງ.)

골 프						
스 키						
수 영						
권 투						
씨 름						

골프 ກ໊ອຟ

스키 ສະກີ

수영 ລອຍນ້ຳ

권투 ມວຍ

씨름 ມວຍປ້ຳເກົາຫຼີ

운동 [ກິລາ]

월   일

■ 다음을 쓰는 순서에 맞게 따라 쓰세요.
(ຈົ່ງຊ້ອນຄຳສັບຕໍ່ໄປນີ້ ຕາມລຳດັບການຊ້ອນທີ່ຖືກຕ້ອງ.)

테	니	스				
레	슬	링				
태	권	도				
배	드	민	턴			
스	케	이	트			

테니스 ເທັນນິດ

레슬링 ມວຍປ້ຳ

태권도 ເທກວັນໂດ້

배드민턴 ແບດມິນຕັນ

스케이트 ສະເກັດ

움직임 말(1)
[ຄຳກິລິຍາ 1]

월 일

■ 다음을 쓰는 순서에 맞게 따라 쓰세요.
　(ຈົ່ງຂຽນຄຳສັບຕໍ່ໄປນີ້ ຕາມລຳດັບການຂຽນທີ່ຖືກຕ້ອງ.)

가	다					
오	다					
먹	다					
사	다					
읽	다					

가다 ໄປ

오다 ມາ

먹다 ກິນ

사다 ຊື້

읽다 ອ່ານ

20 움직임 말(1)
[ຄຳກໍລິຍາ 1]

월   일

■ 다음을 쓰는 순서에 맞게 따라 쓰세요.
(ຈົ່ງຮຽນຄຳສັບຕໍ່ໄປນີ້ ຕາມລຳດັບການຂຽນທີ່ຖືກຕ້ອງ.)

씻	다						
자	다						
보	다						
일	하	다					
만	나	다					

씻다 ລ້າງ

자다 ນອນ

보다 ເບິ່ງ

일하다 ເຮັດວຽກ

만나다 ພົບ

⑳ 움직임 말(1)

[ຄຳກຳລິຍາ 1]

■ 다음을 쓰는 순서에 맞게 따라 쓰세요.
(ຈົ່ງຂຽນຄຳສັບຕໍ່ໄປນີ້ ຕາມລຳດັບການຂຽນທີ່ຖືກຕ້ອງ.)

마	시	다				
빨	래	하	다			
청	소	하	다			
요	리	하	다			
공	부	하	다			

마시다 ດື່ມ

빨래하다 ຊັກເຄື່ອງ

청소하다 ທຳຄວາມສະອາດ

요리하다 ແຕ່ງກິນ

공부하다 ຮຽນ

움직임 말(2)

[ຄຳກິລິຍາ 2]

월 일

■ 다음을 쓰는 순서에 맞게 따라 쓰세요.
(ຈົ່ງຂຽນຄຳສັບຕໍ່ໄປນີ້ ຕາມລຳດັບການຂຽນທີ່ຖືກຕ້ອງ.)

공	을		차	다

공을 차다 ເຕະບານ

이	를		닦	다

이를 닦다 ຖູແຂ້ວ

목	욕	을	하	다

목욕을 하다 ອາບນ້ຳ

세	수	를	하	다

세수를 하다 ລ້າງໜ້າ

등	산	을	하	다

등산을 하다 ປີນພູ

움직임 말(2)
[ຄำກິລິຍາ 2]

월   일

■ 다음을 쓰는 순서에 맞게 따라 쓰세요.
(ຈົ່ງຂຽນຄำສັບຕໍ່ໄປນີ້ ຕາມລำດັບການຂຽນທີ່ຖືກຕ້ອງ.)

머	리	를		감	다		
영	화	를		보	다		
공	원	에		가	다		
여	행	을		하	다		
산	책	을		하	다		

머리를 감다 ສະຜົມ

영화를 보다 ເບິ່ງໜັງ

공원에 가다 ໄປສວນສາທາລະນະ

여행을 하다 ທ່ອງທ່ຽວ

산책을 하다 ย่างຫຼິ້ນ

■ 다음을 쓰는 순서에 맞게 따라 쓰세요.
(ຈົ່ງຂຽນຄຳສັບຕໍ່ໄປນີ້ ຕາມລຳດັບການຂຽນທີ່ຖືກຕ້ອງ.)

수	영	을		하	다		
쇼	핑	을		하	다		
사	진	을		찍	다		
샤	워	를		하	다		
이	야	기	를		하	다	

수영을 하다 ລອຍນ້ຳ

쇼핑을 하다 ຊື້ເຄື່ອງ

사진을 찍다 ຖ່າຍຮູບ

샤워를 하다 ອາບນ້ຳ

이야기를 하다 ສົນທະນາ

움직임 말(3)
[ຄຳກິລິຍາ 3]

월   일

■ 다음을 쓰는 순서에 맞게 따라 쓰세요.
(ຈົ່ງຂຽນຄຳສັບຕໍ່ໄປນີ້ ຕາມລຳດັບການຂຽນທີ່ຖືກຕ້ອງ.)

놀	다						

놀다 ຫຼິ້ນ

자	다						

자다 ນອນ

쉬	다						

쉬다 ພັກ

쓰	다						

쓰다 ຂຽນ

듣	다						

듣다 ຟັງ

22 움직임 말(3)
[ຄຳກິລິຍາ 3]

월 일

■ 다음을 쓰는 순서에 맞게 따라 쓰세요.
(ຈົ່ງຂຽນຄຳສັບຕໍ່ໄປນີ້ ຕາມລຳດັບການຂຽນທີ່ຖືກຕ້ອງ.)

닫	다						

닫다 ປິດ(ປະຕູ)

켜	다						

켜다 ເປີດ(ໄຟ)

서	다						

서다 ຢືນ

앉	다						

앉다 ນັ່ງ

끄	다						

끄다 ປິດ(ໄຟ)

22 움직임 말(3)
[ຄຳກິລິຍາ 3]

월　일

■ 다음을 쓰는 순서에 맞게 따라 쓰세요.
(ຈົ່ງຮຽນຄຳສັບຕໍ່ໄປນີ້ ຕາມລຳດັບການຮຽນທີ່ຖືກຕ້ອງ.)

열	다				
나	오	다			
배	우	다			
들	어	가	다		
가	르	치	다		

열다 ເປີກ, ໄຂ (ປະຕູ)

나오다 ອອກມາ

배우다 ຮຽນຮູ້

들어가다 ເຂົ້າ

가르치다 ສອນ

움직임 말(3)
[ຄຳກິລິຍາ 3]

월 일

■ 다음을 쓰는 순서에 맞게 따라 쓰세요.
(ຈົ່ງຂຽນຄຳສັບຕໍ່ໄປນີ້ ຕາມລຳດັບການຂຽນທີ່ຖືກຕ້ອງ.)

부	르	다			
달	리	다			
기	다				
날	다				
긁	다				

부르다 ຮ້ອງ

달리다 ແລ່ນ

기다 ຄານ

날다 ບິນ

긁다 ຢຸກ

■ 다음을 쓰는 순서에 맞게 따라 쓰세요.
(ຈົ່ງຂຽນຄຳສັບຕໍ່ໄປນີ້ ຕາມລຳດັບການຂຽນທີ່ຖືກຕ້ອງ.)

찍	다						
벌	리	다					
키	우	다					
갈	다						
닦	다						

찍다 ຖ່າຍ

벌리다 ອ້າ

키우다 ລ້ຽງ

갈다 ປ່ຽນ

닦다 ເຊັດ

 **23** # 세는 말(단위)

[ຄຳລັກສະນະນາມ]

■ 다음을 쓰는 순서에 맞게 따라 쓰세요.
(ຈົ່ງຂຽນຄຳສັບຕໍ່ໄປນີ້ ຕາມລຳດັບການຂຽນທີ່ຖືກຕ້ອງ.)

개							

개 ໜ່ວຍ

대							

대 ຄັນ

척							

척 ລຳ

송이							

송이 ພວງ

그루							

그루 ຕົ້ນ

세는 말(단위)

[ຄຳລັກສະນະນາມ]

월   일

■ 다음을 쓰는 순서에 맞게 따라 쓰세요.
(ຈົ່ງຂຽນຄຳສັບຕໍ່ໄປນີ້ ຕາມລຳດັບການຂຽນທີ່ຖືກຕ້ອງ.)

상	자						
봉	지						
장							
병							
자	루						

상자 ແກັດ

봉지 ຖົງ

장 ແຜ່ນ

병 ຂວດ

자루 ກ້ານ

23 세는 말(단위)

[ຄຳລັກສະນະນາມ]

월   일

■ 다음을 쓰는 순서에 맞게 따라 쓰세요.
(ຈົ່ງຂຽນຄຳສັບຕໍ່ໄປນີ້ ຕາມລຳດັບການຂຽນທີ່ຖືກຕ້ອງ.)

벌 ຊຸດ

벌							

켤레 ຄູ່

켤	레						

권 ເຫຼັ້ມ

권							

마리 ໂຕ

마	리						

잔 ຈອກ

잔							

세는 말(단위)

[ຄຳລັກສະນະນາມ]

■ 다음을 쓰는 순서에 맞게 따라 쓰세요.
(ຈົ່ງຂຽນຄຳສັບຕໍ່ໄປນີ້ ຕາມລຳດັບການຂຽນທີ່ຖືກຕ້ອງ.)

채							
명							
통							
가 마							
첩							

채 ຫັງ

명 ຄົນ

통 ກ່ອງ

가마 ເປົາ

첩 ຂອງ

꾸미는 말(1)
[ຄຳຄຸນນາມ (1)]

월   일

■ 다음을 쓰는 순서에 맞게 따라 쓰세요.
(ຈົ່ງຂຽນຄຳສັບຕໍ່ໄປນີ້ ຕາມລຳດັບການຂຽນທີ່ຖືກຕ້ອງ.)

많다 ຫຼາຍ

많	다						

적다 ໜ້ອຍ

적	다						

크다 ໃຫຍ່

크	다						

작다 ນ້ອຍ

작	다						

비싸다 ແພງ

비	싸	다					

꾸미는 말(1)

[ຄຳຄຸນນາມ (1)]

월   일

■ 다음을 쓰는 순서에 맞게 따라 쓰세요.
(ຈົ່ງຮຽນຄຳສັບຕໍ່ໄປນີ້ ຕາມລຳດັບການຂຽນທີ່ຖືກຕ້ອງ.)

싸	다					
길	다					
짧	다					
빠	르	다				
느	리	다				

싸다 ຖືກ

길다 ຍາວ

짧다 ສັ້ນ

빠르다 ໄວ

느리다 ຊ້າ

꾸미는 말(1)

[ຄຳຖຸບບາມ (1)]

월 일

■ 다음을 쓰는 순서에 맞게 따라 쓰세요.
(ຈົ່ງຂຽນຄຳສັບຕໍ່ໄປນີ້ ຕາມລຳດັບການຂຽນທີ່ຖຶກຕ້ອງ.)

굵다 ໃຫຍ່(ໄມ້)

굵 다

가늘다 ຈ່ອຍ

가 늘 다

밝다 ແຈ້ງ

밝 다

어둡다 ມືດ

어 둡 다

좋다 ດີ

좋 다

꾸미는 말(2)
[ຄຳຄຸມນາມ (2)]

월   일

■ 다음을 쓰는 순서에 맞게 따라 쓰세요.
(ຈົ່ງຮຽນຄຳສັບຕໍ່ໄປນີ້ ຕາມລຳດັບການຮຽນທີ່ຖືກຕ້ອງ.)

맵	다					
시	다					
가	볍	다				
좁	다					
따	뜻	하	다			

맵다 ເຜັດ

시다 ສົ້ມ

가볍다 ເບົາ

좁다 ແຄບ

따뜻하다 ອົບອຸ່ນ

25 꾸미는 말(2)
[ຄຳຖຸນນາມ (2)]

월　일

■ 다음을 쓰는 순서에 맞게 따라 쓰세요.
(ຈົ່ງຂຽນຄຳສັບຕໍ່ໄປນີ້ ຕາມລຳດັບການຂຽນທີ່ຖືກຕ້ອງ.)

짜	다						
쓰	다						
무	겁	다					
깊	다						
차	갑	다					

짜다 ເຄັມ

쓰다 ຂົມ

무겁다 ໜັກ

깊다 ເລິກ

차갑다 ເຢັນ

꾸미는 말(2)

[ຄຳຄຸນນາມ (2)]

월   일

■ 다음을 쓰는 순서에 맞게 따라 쓰세요.
(ຈົ່ງຮຽນຄຳສັບຕໍ່ໄປນີ້ ຕາມລຳດັບການຂຽນທີ່ຖືກຕ້ອງ.)

달	다						
싱	겁	다					
넓	다						
얕	다						
귀	엽	다					

달다 ຫວານ

싱겁다 ຈືດ

넓다 ກວ້າງ

얕다 ຕື້ນ

귀엽다 ໜ້າຮັກ

기분을 나타내는 말
[ຄຳບອກອາລົມ]

월   일

■ 다음을 쓰는 순서에 맞게 따라 쓰세요.
(ຈົ່ງຂຽນຄຳສັບຕໍ່ໄປນີ້ ຕາມລຳດັບການຂຽນທີ່ຖືກຕ້ອງ.)

| 기 | 쁘 | 다 | | | | | |

기쁘다 ມີຄວາມສຸກ

| 슬 | 프 | 다 | | | | | |

슬프다 ໂສກເສົ້າ

| 화 | 나 | 다 | | | | | |

화나다 ໃຈໂຮ

| 놀 | 라 | 다 | | | | | |

놀라다 ຕົກໃຈ

| 곤 | 란 | 하 | 다 | | | | |

곤란하다 ລຳບາກ

기분을 나타내는 말
[ຄຳບອກອາລົມ]

월　　일

■ 다음을 쓰는 순서에 맞게 따라 쓰세요.
(ຈົ່ງຂຽນຄຳສັບຕໍ່ໄປນີ້ ຕາມລຳດັບການຂຽນທີ່ຖຶກຕ້ອງ.)

궁	금	하	다				
지	루	하	다				
부	끄	럽	다				
피	곤	하	다				
신	나	다					

궁금하다 ຍາກຮູ້

지루하다 ເບື່ອ

부끄럽다 ອາຍ

피곤하다 ເມື່ອຍ

신나다 ມ່ວນຊື່ນ

높임말 [ຄຳເວົ້າສຸພາບ]

■ 다음을 쓰는 순서에 맞게 따라 쓰세요.
(ຈົ່ງຂຽນຄຳສັບຕໍ່ໄປນີ້ ຕາມລຳດັບການຂຽນທີ່ຖຶກຕ້ອງ.)

집							
댁							
밥							
진	지						
병							
병	환						
말							
말	씀						
나	이						
연	세						

집 ເຮືອນ → 댁 ເຮືອນ

밥 ເຂົ້າ → 진지 ວັນເກີດ

병 ພະຍາດ → 병환 ພະຍາດ

말 ຄຳເວົ້າ → 말씀 ຄຳເວົ້າ

나이 ອາຍຸ → 연세 ອາຍຸ

높임말 [ถ้อยคำเว้าสุพาบ]

월   일

■ 다음을 쓰는 순서에 맞게 따라 쓰세요.
(จົ່ງຂຽນຄຳສັບຕໍ່ໄປນີ້ ຕາມລຳດັບການຂຽນທີ່ຖືກຕ້ອງ.)

생	일					
생	신					
있	다					
계	시	다				
먹	다					
드	시	다				
자	다					
주	무	시	다			
주	다					
드	리	다				

생일 ວັນເກີດ → 생신 ວັນເກີດ

있다 ຢູ່ → 계시다 ຢູ່

먹다 ກິນ → 드시다 ຮັບປະທານ

자다 ນອນ → 주무시다 ນອນ

주다 ໃຫ້ → 드리다 ໃຫ້

소리가 같은 말(1)

[ຄຳທີ່ອອກສຽງຄືກັນ (1)]

■ 다음을 쓰는 순서에 맞게 따라 쓰세요.
(ຈົ່ງຂຽນຄຳສັບຕໍ່ໄປນີ້ ຕາມລຳດັບການຂຽນທີ່ຖືກຕ້ອງ.)

눈					
발					
밤					
차					
비					

눈 ຕາ (단음)　　눈 ຫິມະ (장음)

발 ຕີນ (단음)　　발 ມ່ານ (장음)

밤 ກາງຄືນ (단음)　　밤 ໝາກກໍ່ (장음)

차 ລົດ (단음)　　차 ຊາ (단음)

비 ຝົນ (단음)　　비 ໄມ້ກວາດ (단음)

소리가 같은 말(1)
[ຄຳທີ່ອອກສຽງຄືກັນ (1)]

월 일

■ 다음을 쓰는 순서에 맞게 따라 쓰세요.
(ຈົ່ງຂຽນຄຳສັບຕໍ່ໄປນີ້ ຕາມລຳດັບການຂຽນທີ່ຖືກຕ້ອງ.)

말					
벌					
상					
굴					
배					

말 ມ້າ (단음)   말 ຄຳເວົ້າ (장음)

벌 ໂທດ (단음)   벌 ເຜິ້ງ (장음)

상 ອາຫານທີ່ຈັດຢູ່ເທິງໂຕະ (단음)   상 ລາງວັນ (단음)

굴 ຫອຍນາງລົມ (단음)   굴 ຖ້ຳ (장음)

배 ເຮືອ (단음)   배 ທ້ອງ (단음)

소리가 같은 말(1)

[ຄຳທີ່ອອກສຽງຄືກັນ (1)]

■ 다음을 쓰는 순서에 맞게 따라 쓰세요.
(ຈົ່ງຮຽນຄຳສັບຕໍ່ໄປນີ້ ຕາມລຳດັບການຮຽນທີ່ຖືກຕ້ອງ.)

다	리				
새	끼				
돌					
병					
바	람				

다리 ຂົວ (단음) 다리 ຂາ (단음)

새끼 ລູກ(ສັດ) (단음) 새끼 ເຊືອກຟາງ (단음)

돌 ຫີນ (장음) 돌 ວັນເກີດຄົບໜຶ່ງປີ (단음)

병 ພະຍາດ (장음) 병 ຂວດ (단음)

바람 ລົມ (단음) 바람 ຄວາມຫວັງ (단음)

■ 다음을 쓰는 순서에 맞게 따라 쓰세요.
(ຈົ່ງຂຽນຄຳສັບຕໍ່ໄປນີ້ ຕາມລຳດັບການຂຽນທີ່ຖືກຕ້ອງ.)

깨	다				

깨다 ຕື່ນ (장음)   깨다 ແຕກ (단음)

묻	다				

묻다 ຝັງ (단음)   묻다 ຖາມ (장음)

싸	다				

싸다 ຖືກ (단음)   싸다 ຖ່າຍ (단음)

세	다				

세다 ນັບ (장음)   세다 ແຂງແຮງ (장음)

차	다				

차다 ເຢັນ (단음)   차다 ເຕັມ (단음)

소리가 같은 말(2)

[ຄຳທີ່ອອກສຽງຄືກັນ (2)]

월 일

■ 다음을 쓰는 순서에 맞게 따라 쓰세요.
  (ຈົ່ງຂຽນຄຳສັບຕໍ່ໄປນີ້ ຕາມລຳດັບການຂຽນທີ່ຖືກຕ້ອງ.)

맞다 ຖືກ (단음) 　　맞다 ຖືກຕີ (단음)

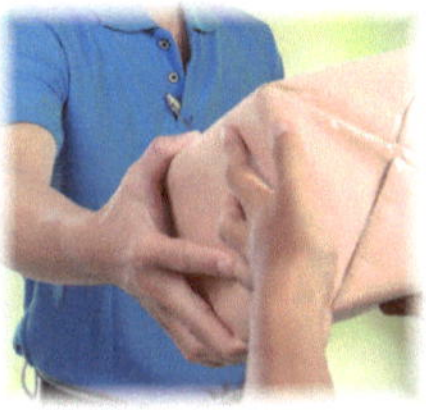

맡다 ເກັບຮັກສາ (단음) 　　맡다 ດົມ (단음)

쓰다 ຂຽນ (단음) 　　쓰다 ຂົມ (단음)

맞	다				
맡	다				
쓰	다				

소리를 흉내 내는 말
[ຄຳທີ່ຮຽນແບບສຽງ]

월　일

■ 다음을 쓰는 순서에 맞게 따라 쓰세요.
(ຈົ່ງຂຽນຄຳສັບຕໍ່ໄປນີ້ ຕາມລຳດັບການຂຽນທີ່ຖືກຕ້ອງ.)

어	흥					

어흥 ໂຮກງ

꿀	꿀					

꿀꿀 ອຼກງ

야	옹					

야옹 ແມວງ

꼬	꼬	댁				

꼬꼬댁 ກະຕັກງ

꽥	꽥					

꽥꽥 ແກ້ກງ

30 소리를 흉내 내는 말

[ຄຳທີ່ຮຽນແບບສຽງ]

■ 다음을 쓰는 순서에 맞게 따라 쓰세요.
(ຈົ່ງຮຽນຄຳສັບຕໍ່ໄປນີ້ ຕາມລຳດັບການຮຽນທີ່ຖືກຕ້ອງ.)

붕						
매	앰					
부	르	룽				
딩	동					
빠	빠					

붕 ວົກໆ

매앰 ຈັກจั่นຮ້ອງ

부르릉 ບິດໆ

딩동 ກິ່ງກ້າງ

빠빠 ບິບໆ

■ 안녕하세요! K-한글(www.k-hangul.kr)입니다.
'외국인을 위한 기초 한글 배우기' 1호 기초 편에서 다루지 못한 내용을 부록 편에
다음과 같이 **40가지 주제별로** 수록하니, 많은 이용 바랍니다.

■ ສະບາຍດີ! ພວກເຮົາ ແມ່ນ K-ຮັນກຶລ (www.k-hangul.kr).
ພວກເຮົາໄດ້ລວມເອົາເນື້ອໃນທີ່ບໍ່ໄດ້ກ່າວເຖິງໃນ 'ການຮຽນຮູ້ຮັນກຶລພື້ນຖານສຳລັບຄົນຕ່າງປະເທດ' ຂັ້ນພື້ນຖານ ເຫຼັ້ມທີ 1, ໄວ້ໃນ
ເອກະສານຂ້ອນທ້າຍເຊິ່ງມີ 40 ໝວດຕາມຫົວຂໍ້ດັ່ງຕໍ່ໄປນີ້, ຫວັງເປັນຢ່າງຍິ່ງວ່າທຸກຊ່ານຈະນຳໃຊ້ໃຫ້ເກີດປະໂຫຍດສູງສຸດ

번호	주제	번호	주제	번호	주제
1	숫자(50개) Number(s)	16	인칭 대명사(14개) Personal pronouns	31	물건 사기(30개) Buying Goods
2	연도(15개) Year(s)	17	지시 대명사(10개) Demonstrative pronouns	32	전화하기(21개) Making a phone call
3	월(12개) Month(s)	18	의문 대명사(10개) Interrogative pronouns	33	인터넷(20개) Words related to the Internet
4	일(31개) Day(s)	19	가족(24개) Words related to Family	34	건강(35개) Words related to health
5	요일(10개) Day of a week	20	국적(20개) Countries	35	학교(51개) Words related to school
6	년(20개) Year(s)	21	인사(5개) Phrases related to greetings	36	취미(28개) Words related to hobby
7	개월(12개) Month(s)	22	작별(5개) Phrases related to bidding farewell	37	여행(35개) Travel
8	일(간), 주일(간)(16개) Counting Days	23	감사(3개) Phrases related to expressing gratitude	38	날씨(27개) Weather
9	시(20개) Units of Time(hours)	24	사과(7개) Phrases related to making an apology	39	은행(25개) Words related to bank
10	분(16개) Units of Time(minutes)	25	요구, 부탁(5개) Phrases related to asking a favor	40	우체국(14개) Words related to post office
11	시간(10개) Hour(s)	26	명령, 지시(5개) Phrases related to giving instructions		
12	시간사(25개) Words related to Time	27	칭찬, 감탄(7개) Phrases related to compliment and admiration		
13	계절(4개) seasons	28	환영, 축하, 기원(10개) Phrases related to welcoming, congratulating and blessing		
14	방위사(14개) Words related to directions	29	식당(30개) Words related to Restaurant		
15	양사(25개) quantifier	30	교통(42개) Words related to transportation		

MP3	주제	단어
	1. 숫자	1, 2, 3, 4, 5, / 6, 7, 8, 9, 10, / 11, 12, 13, 14, 15, / 16, 17, 18, 19, 20, / 21, 22, 23, 24, 25, / 26, 27, 28, 29, 30, / 31, 40, 50, 60, 70, / 80, 90, 100, 101, 102, / 110, 120, 130, 150, 천, / 만, 십만, 백만, 천만, 억
	2. 연도	1999년, 2000년, 2005년, 2010년, 2015년, / 2020년, 2023년, 2024년, 2025년, 2026년, / 2030년, 2035년, 2040년, 2045년, 2050년
	3. 월	1월, 2월, 3월, 4월, 5월, / 6월, 7월, 8월, 9월, 10월, / 11월, 12월
	4. 일	1일, 2일, 3일, 4일, 5일, / 6일, 7일, 8일, 9일, 10일, / 11일, 12일, 13일, 14일, 15일, / 16일, 17일, 18일, 19일, 20일, / 21일, 22일, 23일, 24일, 25일, / 26일, 27일, 28일, 29일, 30일, / 31일
	5. 요일	월요일, 화요일, 수요일, 목요일, 금요일, / 토요일, 일요일, 공휴일, 식목일, 현충일
	6. 년	1년, 2년, 3년, 4년, 5년, / 6년, 7년, 8년, 9년, 10년, / 15년, 20년, 30년, 40년, 50년, / 100년, 200년, 500년, 1000년, 2000년
	7. 개월	1개월(한 달), 2개월(두 달), 3개월(석 달), 4개월(네 달), 5개월(다섯 달), / 6개월(여섯 달), 7개월(일곱 달), 8개월(여덟 달), 9개월(아홉 달), 10개월(열 달), / 11개월(열한 달), 12개월(열두 달)
	8. 일(간), 주일(간)	하루(1일), 이틀(2일), 사흘(3일), 나흘(4일), 닷새(5일), / 엿새(6일), 이레(7일), 여드레(8일), 아흐레(9일), 열흘(10일), / 10일(간), 20일(간), 30일(간), 100일(간), 일주일(간), / 이 주일(간)
	9. 시	1시, 2시, 3시, 4시, 5시, / 6시, 7시, 8시, 9시, 10시, / 11시, 12시, 13시(오후 1시), 14시(오후 2시), 15시(오후 3시), / 18시(오후 6시), 20시(오후 8시), 22시(오후 10시), 24시(오후 12시)
	10. 분	1분, 2분, 3분, 4분, 5분, / 10분, 15분, 20분, 25분, 30분(반 시간), / 35분, 40분, 45분, 50분, 55분, / 60분(1시간)

MP3	주제	단어
	11. 시간	**반 시간**(30분), **1시간**, **1시간 반**(1시간 30분), **2시간**, **3시간**, / **4시간**, **5시간**, **10시간**, **12시간**, **24시간**
	12.시간사	**오전**, **정오**, **오후**, **아침**, **점심**, / **저녁**, **지난주**, **이번 주**, **다음 주**, **지난달**, / **이번 달**, **다음날**, **재작년**, **작년**, **올해**, / **내년**, **내후년**, **그저께**(이틀 전날), **엊그제**(바로 며칠 전), **어제**(오늘의 하루 전날), / **오늘**, **내일**(1일 후), **모레**(2일 후), **글피**(3일 후), **그글피**(4일 후)
	13. 계절	**봄**(春), **여름**(夏), **가을**(秋), **겨울**(冬)
	14.방위사	**동쪽**, **서쪽**, **남쪽**, **북쪽**, **앞쪽**, / **뒤쪽**, **위쪽**, **아래쪽**, **안쪽**, **바깥쪽**, / **오른쪽**, **왼쪽**, **옆**, **중간**
	15. 양사	**개**(사용 범위가 가장 넓은 개체 양사), **장**(평면이 있는 사물), **척**(배를 세는 단위), **마리**(날짐승이나 길짐승), **자루**, / **다발**(손에 쥘 수 있는 물건), **권**(서적 류), **개**(물건을 세는 단위), **갈래**, **줄기**(가늘고 긴 모양의 사물이나 굽은 사물), / **건**(사건), **벌**(의복), **쌍**, **짝**, **켤레**, / **병**, **조각**(덩어리, 모양의 물건), **원**(화폐), **대**(각종 차량), **대**(기계, 설비 등), / **근**(무게의 단위), **킬로그램**(힘의 크기, 무게를 나타내는 단위), **번**(일의 차례나 일의 횟수를 세는 단위), **차례**(단순히 반복적으로 발생하는 동작), **식사**(끼)
	16. 인칭 대명사	※ 인칭 대명사 : 사람의 이름을 대신하여 나타내는 대명사. **나**, **너**, **저**, **당신**, **우리**, / **저희**, **여러분**, **너희**, **그**, **그이**, / **저분**, **이분**, **그녀**, **그들**
	17. 지시 대명사	※ 지시 대명사 : 사물이나 장소의 이름을 대신하여 나타내는 대명사. **이것**, **이곳**, **저것**, **저곳**, **저기**, / **그것**(사물이나 대상을 가리킴), **여기**, **무엇**(사물의 이름), **거기**(가까운 곳, 이미 이야기한 곳), **어디**(장소의 이름)
	18. 의문 대명사	※ 의문 대명사 : 물음의 대상을 나타내는 대명사. **누구**(사람의 정체), **몇**(수효), **어느**(둘 이상의 것 가운데 대상이 되는 것), **어디**(처소나 방향), **무엇**(사물의 정체), / **언제**, **얼마**, **어떻게**(어떤 방법, 방식, 모양, 형편, 이유), **어떤가?**, **왜**(무슨 까닭으로, 어떤 사실에 대하여 확인을 요구할 때)
	19. 가족	**할아버지**, **할머니**, **아버지**, **어머니**, **남편**, / **아내**, **딸**, **아들**, **손녀**, **손자**, / **형제자매**, **형**, **오빠**, **언니**, **누나**, / **여동생**, **남동생**, **이모**, **이모부**, **고모**, / **고모부**, **사촌**, **삼촌**, **숙모**
	20. 국적	**국가**, **나라**, **한국**, **중국**, **대만**, / **일본**, **미국**, **영국**, **캐나다**, **인도네시아**, / **독일**, **러시아**, **이탈리아**, **프랑스**, **인도**, / **태국**, **베트남**, **캄보디아**, **몽골**, **라오스**

MP3	주제	단어
	21. 인사	안녕하세요!, 안녕하셨어요?, 건강은 어떠세요?, 그에게 안부 전해주세요, 굿모닝!
	22. 작별	건강하세요, 행복하세요, **안녕**(서로 만나거나 헤어질 때), 내일 보자, 다음에 보자.
	23. 감사	고마워, 감사합니다, 도와주셔서 감사드립니다.
	24. 사과	미안합니다, 괜찮아요!, 죄송합니다, 정말 죄송합니다, 모두 다 제 잘못입니다, / 오래 기다리셨습니다, 유감이네요.
	25. 요구, 부탁	잠시 기다리세요, 저 좀 도와주세요, 좀 빨리해 주세요, 문 좀 닫아주세요, 술 좀 적게 드세요.
	26. 명령, 지시	일어서라!, 들어오시게, 늦지 말아라, 수업 시간에는 말하지 마라, 금연입니다.
	27. 칭찬, 감탄	정말 잘됐다!, 정말 좋다, 정말 대단하다, 진짜 잘한다!, 정말 멋져!, / 솜씨가 보통이 아니네!, 영어를 잘하는군요. ※ 감탄사의 종류(감정이나 태도를 나타내는 단어) : 아하, 헉, 우와, 아이고, 아차, 앗, 어머, 저런, 여보, 야, 아니요, 네, 예, 그래, 얘 등
	28. 환영,축하, 기원	환영합니다!, 또 오세요, 생일 축하해!, 대입 합격 축하해!, 축하드려요, / 부자 되세요, 행운이 깃드시길 바랍니다, 만사형통하시길 바랍니다, 건강하세요, 새해 복 많이 받으세요!
	29. 식당	음식, 야채, 먹다, 식사 도구, 메뉴판, / 세트 요리, 종업원, 주문하다, 요리를 내오다, 중국요리, / 맛, 달다, 담백하다, 맵다, 새콤달콤하다, / 신선하다, 국, 탕, 냅킨, 컵, / 제일 잘하는 요리, 계산, 잔돈, 포장하다, 치우다, / 건배, 맥주, 술집, 와인, 술에 취하다.
	30. 교통	말씀 좀 묻겠습니다, 길을 묻다, 길을 잃다, 길을 건너가다, 지도, / 부근, 사거리, 갈아타다, 노선, 버스, / 몇 번 버스, 정거장, 줄을 서다, 승차하다, 승객, / 차비, 지하철, 환승하다, 1호선, 좌석, / 출구, 택시, 택시를 타다, 차가 막히다, 차를 세우다, / 우회전, 좌회전, 유턴하다, 기차, 기차표, / 일반 침대석, 일등 침대석, 비행기, 공항, 여권, / 주민등록증, 연착하다, 이륙, 비자, 항공사, / 안전벨트, 현지시간

MP3	주제	단어
	31. 물건 사기	손님, 서비스, 가격, 가격 흥정, 노점, / 돈을 내다, 물건, 바겐세일, 싸다, 비싸다, / 사이즈, 슈퍼마켓, 얼마예요?, 주세요, 적당하다, / 점원, 품질, 백화점, 상표, 유명 브랜드, / 선물, 영수증, 할인, 반품하다, 구매, / 사은품, 카드 결제하다, 유행, 탈의실, 계산대
	32. 전화하기	여보세요, 걸다, (다이얼을)누르다, OO 있나요?, 잘못 걸다, / 공중전화, 휴대전화 번호, 무료 전화, 국제전화, 국가번호, / 지역번호, 보내다, 문자 메시지, 시외전화, 전화받다, / 전화번호, 전화카드, 통화 중, 통화 요금, 휴대전화, / 스마트폰
	33. 인터넷	인터넷, 인터넷에 접속하다, 온라인게임, 와이파이, 전송하다, / 데이터, 동영상, 아이디, 비밀번호, 이메일, / 노트북, 검색하다, 웹사이트, 홈페이지 주소, 인터넷 쇼핑, / 업로드, 다운로드, pc방, 바이러스, 블로그
	34. 건강	병원, 의사, 간호사, 진찰하다, 수술, / 아프다, 환자, 입원, 퇴원, 기침하다, / 열나다, 체온, 설사가 나다, 콧물이 나다, 목이 아프다, / 염증을 일으키다, 건강, 금연하다, 약국, 처방전, / 비타민, 복용하다, 감기, 감기약, 마스크, / 비염, 고혈압, 골절, 두통, 알레르기, / 암, 전염병, 정신병, 혈액형, 주사 놓다
	35. 학교	초등학교, 중학교, 고등학교, 중·고등학교, 대학교, / 교실, 식당, 운동장, 기숙사, 도서관, / 교무실, 학생, 초등학생, 중학생, 고등학생, / 대학생, 유학생, 졸업생, 선생님, 교사, / 교장, 교수, 국어, 수학, 영어, / 과학, 음악, 미술, 체육, 입학하다, / 졸업하다, 학년, 전공, 공부하다, 수업을 시작하다, / 수업을 마치다, 출석을 부르다, 지각하다, 예습하다, 복습하다, / 숙제를 하다, 시험을 치다, 합격하다, 중간고사, 기말고사, / 여름방학, 겨울방학, 성적, 교과서, 칠판, / 분필
	36. 취미	축구 마니아, ○○마니아, 여가 시간, 좋아하다, 독서, / 음악 감상, 영화 감상, 텔레비전 시청, 연극 관람, 우표 수집, / 등산, 바둑, 노래 부르기, 춤추기, 여행하기, / 게임하기, 요리, 운동, 야구(하다), 농구(하다), / 축구(하다), 볼링(치다), 배드민턴(치다), 탁구(치다), 스키(타다), / 수영(하다), 스케이팅, 태권도
	37. 여행	여행(하다), 유람(하다), 가이드, 투어, 여행사, / 관광명소, 관광특구, 명승지, 기념품, 무료, / 유료, 할인티켓, 고궁, 경복궁, 남산, / 한국민속촌, 호텔, 여관, 체크인, 체크아웃, / 빈 방, 보증금, 숙박비, 호실, 팁, / 싱글룸, 트윈룸, 스탠더드룸, 1박하다, 카드 키, / 로비, 룸서비스, 식당, 뷔페, 프런트 데스크
	38. 날씨	일기예보, 기온, 최고기온, 최저기온, 온도, / 영상, 영하, 덥다, 따뜻하다, 시원하다, / 춥다, 흐린 날씨, 맑은 날, 비가 오다, 눈이 내리다, / 건조하다, 습하다, 가랑비, 구름이 많이 끼다, 보슬비, / 천둥치다, 번개, 태풍, 폭우, 폭설, / 황사, 장마
	39. 은행	예금하다, 인출하다, 환전하다, 송금하다, 예금주, / 예금통장, 계좌, 계좌번호, 원금, 이자, / 잔여금액, 비밀번호, 현금카드, 현금 인출기, 수수료, / 현금, 한국 화폐, 미국 달러, 외국 화폐, 환율, / 환전소, 신용카드, 대출, 인터넷뱅킹, 폰뱅킹

MP3	주제	단어
	40. 우체국	편지, 편지봉투, 소포, 부치다, 보내는 사람, / 받는 사람, 우편물, 우편번호, 우편요금, 우체통, / 우표, 주소, 항공우편, EMS

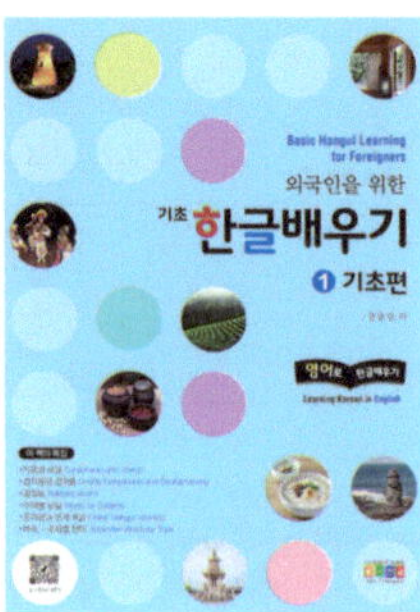

1. 영어로 한글배우기
Learning Korean
in **English**

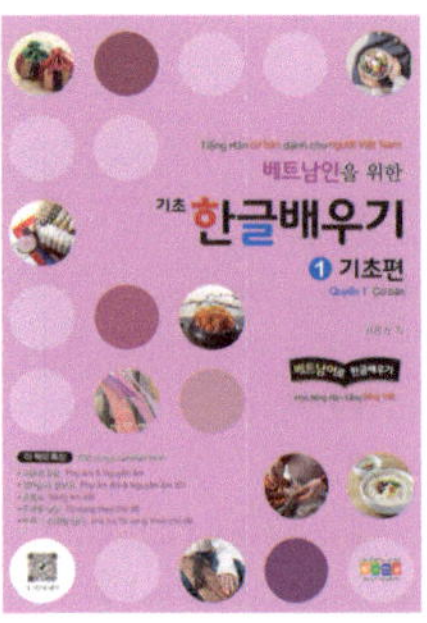

2. 베트남어로 한글배우기
Học tiếng Hàn bằng
tiếng Việt

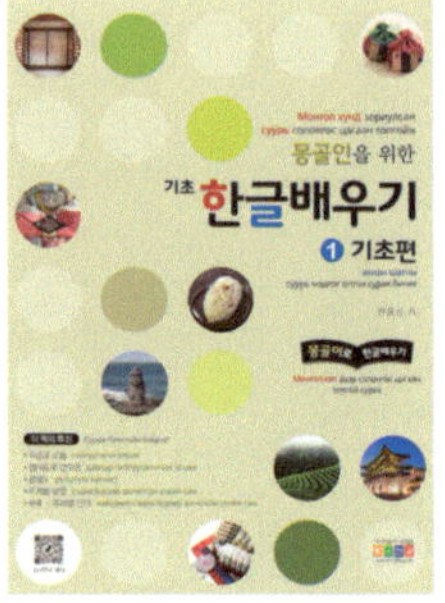

3. 몽골어로 한글배우기
Монгол хэл дээр солонгос
цагаан толгой сурах

4. 일본어로 한글배우기
日本語でハングルを学ぼう

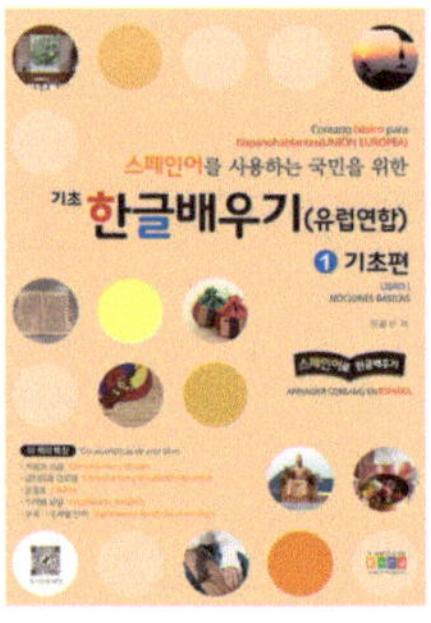

5. 스페인어로 한글배우기(유럽연합)
APRENDER COREANO EN
ESPAÑOL

6. 프랑스어로 한글배우기
Apprendre le coréen en
français

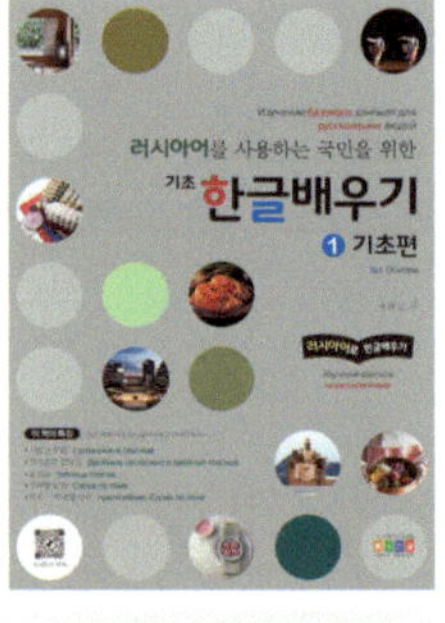

7. 러시아어로 한글배우기
Изучение хангыля
на русском языке

8. 중국어로 한글배우기
用中文学习韩文

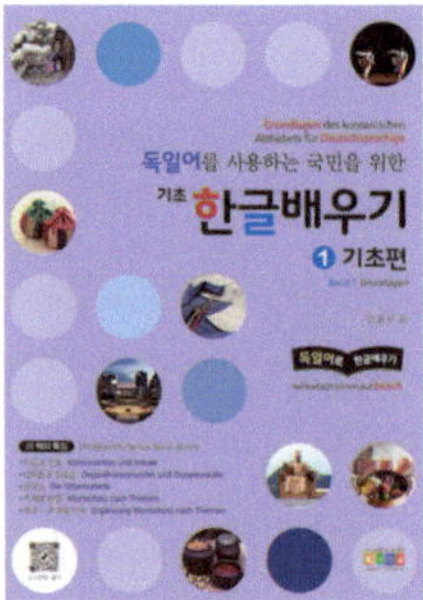

9. 독일어로 한글배우기
Koreanisch lernen
auf **Deutsch**

10. 태국어로 한글배우기
เรียนฮันกึลด้วยภาษาไทย

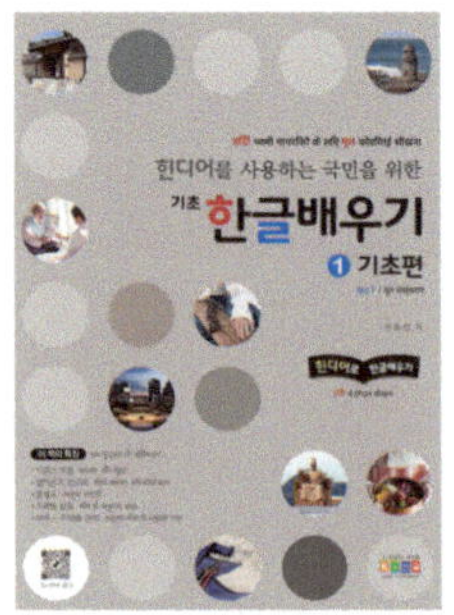

11. 힌디어로 한글배우기
हिंदी में हंगेउल सीखना

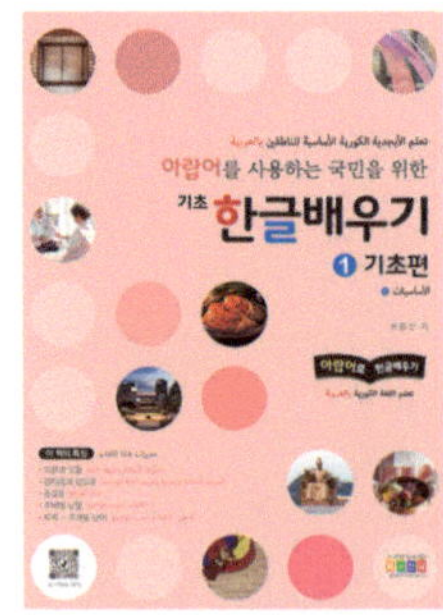

12. 아랍어로 한글배우기
تعلم اللغة الكورية بالعربية

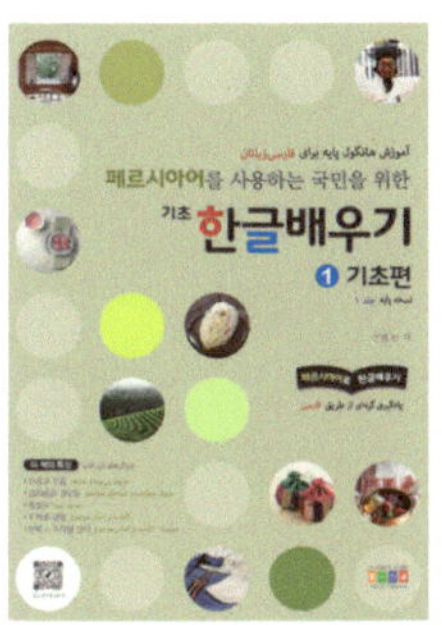

13. 페르시아어로 한글배우기
یادگیری کره‌ای از طریق فارسی

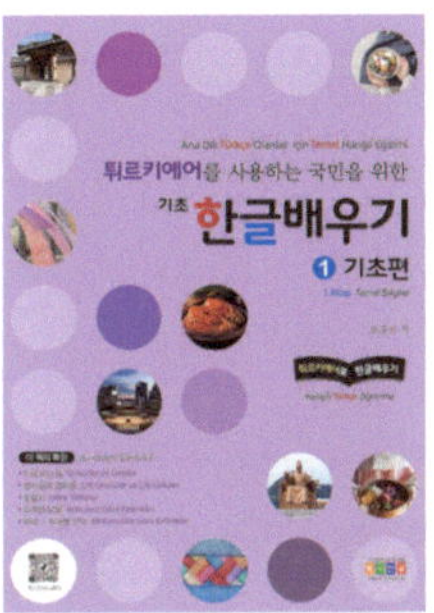

14. 튀르키예어로 한글배우기
Hangıl'ı Türkçe Öğrenme

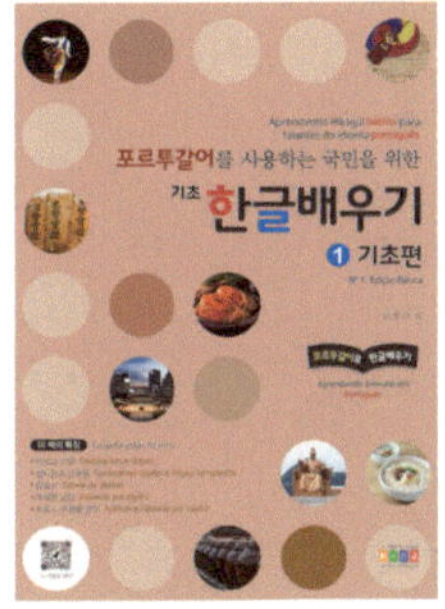

15. 포르투갈어로 한글배우기
Aprendendo Coreano em
Português

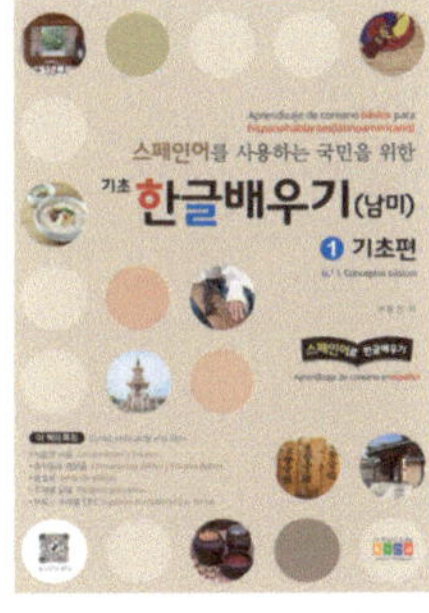

16. 스페인어로 한글배우기(남미)
Aprendizaje de coreano
en **español**

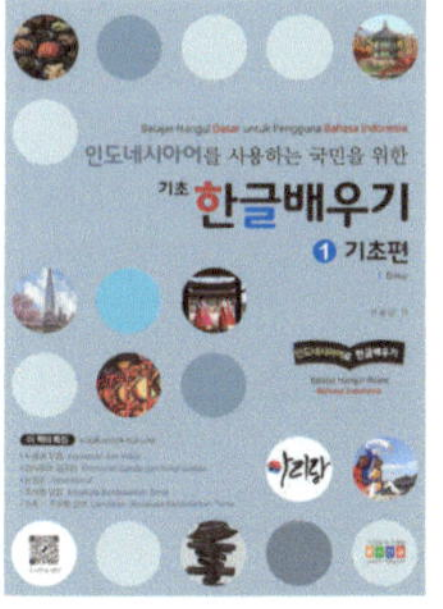

17. 인도네시아어로 한글배우기
Belajar Hangul dalam
Bahasa Indonesia

18. 이탈리아어로 한글배우기
Imparare Hangul
in **italiano**

19. 캄보디아어로 한글배우기
រៀនអក្សរកូរ៉េជាភាសាខ្មែរ

20. 라오스어로 한글배우기
ຮຽນຮັນກົ໋ລດ້ວຍພາສາລາວ

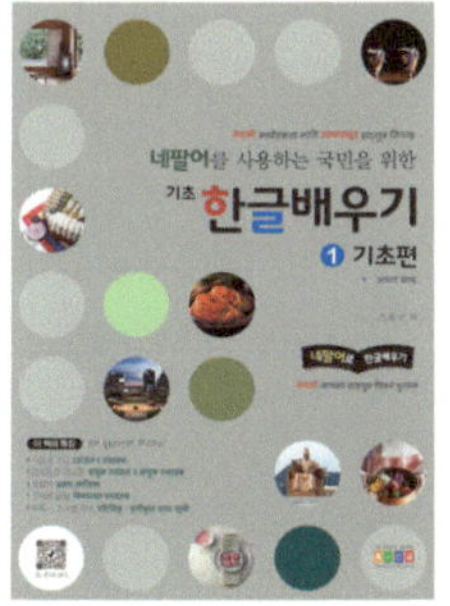

21. 네팔어로 한글배우기
नेपाली भाषामा हाङ्गुल सिक्ने पुस्तक

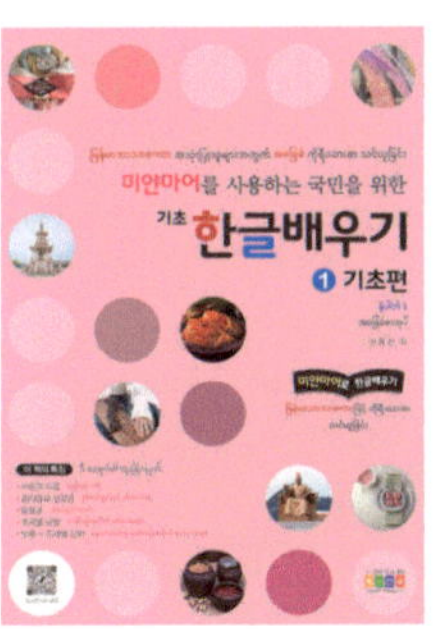

22. 미얀마어로 한글배우기
မြန်မာဘာသာစကားဖြင့် ကိုရီးယားစာ
သင်ယူခြင်း

라오스어를 사용하는 국민을 위한 기초 한글 배우기

한글배우기 ❶ 기초편

2025년 9월 15일 초판 1쇄 발행

발행인 | 배영순
저자 | 권용선(權容璿), ຂຽນໂດຍ ຄວອນ ຢົງຊວນ
펴낸곳 | 홍익교육, ຈັດພິມໂດຍ : ການສຶກສາຮົງອິກ
기획·편집 | 아이한글 연구소
출판등록 | 2010-10호
주소 | 경기도 광명시 광명동 747-19 리츠팰리스 비동 504호
전화 | 02-2060-4011
홈페이지 | www.k-hangul.kr
E-mail | kwonys15@naver.com
정가 | 14,000원
ISBN 979-11-88505-88-3 / 13710